T0005781

MAXI

Papel certificado por el Forest Stewardship Council*

MIXTO
Papel procedente de
fuentes responsables
FSC® C117695
www.fsc.org

Penguin
Random House
Grupo Editorial

Primera edición: octubre de 2021

© 2021, María Pérez Crespo y Mercedes Pérez Crespo
© 2021, Penguin Random House Grupo Editorial, S. A. U.
Travessera de Gràcia, 47-49. 08021 Barcelona
Diseño de cubierta: Penguin Random House Grupo Editorial / María Ros
Imagen de cubierta: © María Pérez Crespo y Mercedes Pérez Crespo

Este libro está basado en el Método Zentangle®, cuya marca está registrada y es propiedad de sus creadores, Rick Roberts y Maria Thomas. La obra no es un producto de Zentangle® Inc. ni tiene relación con la compañía Zentangle®.

Todos los derechos sobre la marca «Zentangle®», así como las frases «Todo es posible trazo a trazo», «Zendala», «CZT», «Certified Zentangle Teacher», «Bijou» y los logos de Zentangle y de Bijou pertenecen a la Compañía Zentangle® Inc.

Para más información sobre el método Zentangle consulta <www.zentangle.com>.

Printed in Spain – Impreso en España

ISBN: 978-84-1314-299-9
Depósito legal: B-12.937-2021

Compuesto en Llibresimes, S. L.

Impreso en Gómez Aparicio, S. L.
Casarrubuelos (Madrid)

BB 4 2 9 9 9

MARÍA TOVAR nació en Madrid el 13 de mayo de 1963. Cursó estudios de Ciencias empresariales y dedicó su vida profesional a la dirección comercial de la empresa familiar. Está casada y es madre de dos hijos. Tiene un gran interés por el arte, ya sea como alumna o como artista aficionada. Obtuvo el título de profesora de Zentangle en 2014 y empezó a impartir el método por toda España. En 2016 inaugura la primera escuela de Zentangle, El último tangle, donde desarrolla este método en exclusiva o con otras disciplinas artísticas compatibles, para así hacerlo crecer exponencialmente. En 2018 se formó en Mindfulness y técnicas de reducción de estrés, MBSR. A día de hoy sigue con la escuela pero con cursos online, lo que permite llegar a muchos más rincones en todo el mundo.

MERCEDES PÉREZ CRESPO nació en Madrid el 5 de julio de 1966. Es licenciada en Publicidad y Relaciones públicas por la Universidad Complutense de Madrid. Divorciada y madre de un hijo. Su vida profesional se centra en el diseño y la producción gráfica hasta que en 2015 empieza a colaborar con María en El último tangle. En 2016 realizó un máster en Entheos, Escuela de Coaching Senior e Intergeneracional y en 2018 se formó también en Mindfulness y técnicas de reducción de estrés, MBSR. En 2019 obtuvo el título como profesora Zentangle para así poder abarcar grupos más grandes en El último tangle junto a María y para dar un enfoque terapéutico a la práctica de Zentangle. Esta nueva orientación fue motivada en gran parte al ser diagnosticada de fibromialgia y síndrome de fatiga crónica (encefalitis miálgica), como complemento a los tratamientos médicos convencionales y otras terapias.

EL ARTE ZENTANGLE
Meditación trazo a trazo

María Tovar
y Mercedes Pérez Crespo

MAXI

Índice

A todos y cada uno de nuestros alumnos.
Vosotros dais sentido a nuestro proyecto Zentangle.

Las crisis, las situaciones difíciles y los malos momentos
cierran puertas y nos bloquean. Pero también ofrecen
la oportunidad de empezar nuevos caminos
y de encontrar diferentes destinos que nos satisfagan
mucho más. Y a veces es en ese proceso cuando
encontramos el verdadero sentido a nuestra vida.
Descubre el artista que llevas dentro.

Prólogo

A veces se cierra una puerta... ¡y se abren unos ventanales maravillosos que ni habías visto!

Zentangle® llegó a nuestra vida sin buscarlo. Nos gustaría contarte nuestra historia personal, por si de alguna manera te pudiera inspirar o brindar un pequeño soplo de esperanza cuando atravieses circunstancias difíciles, que *a priori* pueden parecer el fin, pero que, vistas con la perspectiva que solo da el tiempo, son el mejor regalo que la vida te puede hacer. Tiempo al tiempo, y confianza en que la vida te pondrá delante lo que necesites aprender para crecer.

Me llamo María Tovar y así es como Zentangle llegó a mi vida:

Allá por 2013 tuve que afrontar la quiebra de la empresa familiar tras unos años durísimos de intentar evitarla a toda costa. A la pena y la frustración por la pérdida económica, material y anímica, hay que sumarle la incertidumbre de encontrar un nuevo empleo para alguien que supera la cincuentena en un momento de crisis económica mundial, lo que se podría llamar una «misión casi imposible».

Siempre tuve una gran pasión por la pintura, el dibujo y el arte en general. Eso me hizo retomar lápices, rotuladores y papeles como distracción y como pasatiempo agradable y también barato.

Un buen día, alguien vio mis dibujos y dijo: «Eso que estás haciendo es Zentangle. Hay vídeos en YouTube, y tienen una escuela en Estados Unidos para hacerte profesor y poder enseñarlo a los demás». Nada más llegar a casa me metí en internet a buscar más información. No podía parar de saltar de unas páginas a otras. Estuve horas anotando nombres de profesores y sus páginas, pero sobre todo me enganché a la página web zentangle.com. Entendía lo que explicaban en cada post como si me lo estuvieran contando a mí personalmente. Todo lo que describían era lo mismo que yo sentía cuando hacía Zentangle y empecé a tanglear por mi cuenta, copiando lo que veía en las páginas que había empezado a seguir. Cada día pasaba varias horas tangleando y buscando más información. En esos momentos, me sentía en mi mundo, en mi espacio, en mi sitio.

De repente, en medio de una práctica Zentangle, la idea apareció en mi mente: si aquello me estaba haciendo tanto bien a mí, y me encontraba tan a gusto practicándolo, tenía que servirles también a otros. Y sin pensarlo más, dejé el rotulador en la mesa, me levanté, fui al salón donde estaba mi familia y solté: «Me voy a Estados Unidos a hacerme profesora de Zentangle». Volví a mi mesa y me inscribí en el seminario para convertirme en CZT, es decir, profesora titulada de Zentangle. Como hoy en día casi nadie escucha lo que decimos, mi familia tardó un rato en reaccionar y venir a verme con cara de susto para preguntarme de qué hablaba. Unas semanas más tarde, lo organicé todo, pedí un préstamo y me inscribí en el seminario para titularme como profesora de Zentangle.

Viajé a Providence para hacerme profesora de algo que ni yo misma sabía muy bien en qué consistía, pero que conseguía que me evadiera de la pena y la frustración y traía paz a mi espíritu alterado, lo que se reflejaba en mi cuerpo y estado general.

Este seminario es un curso intensivo de verdad, que enseña qué es Zentangle, qué no lo es, cómo surge, para qué sirve, cómo transmitirlo, y resuelve todas las dudas con las que los participantes aterrizamos allí con nuestra cara de despiste. Un montón de ideas y conceptos que te revolotean en la cabeza sin parar ni un segundo y que solo se posan cuando vuelves a casa, recuerdas lo vivido y aprendido, y todo ello se asienta en tu memoria como un poso que servirá de lecho fértil a tu experiencia como profesora del método Zentangle.

Es una experiencia magnífica no solo por lo que aprendes, sino también por lo que compartes, y por las relaciones que creas con tus compañeros de seminario. La familia Zentangle está hecha de una pasta especial. Una pasta que lleva una mezcla de sensibilidad, creatividad, pasión, buenas vibraciones, aceptación de lo diferente, diversión y sentido del humor. El equipo docente transmite todo ello desde el minuto uno y es muy, muy contagioso.

Cuando volví a España, empecé a asimilarlo todo y a organizar cómo iba a enseñarlo. Me puse a recorrer escuelas de dibujo, yoga y manualidades, colegios y cualquier sitio donde yo creía que esta técnica podía encajar, y la conversación era siempre la misma:

—Hola, soy María, profesora titulada en el método Zentangle

—¿Método zen...qué?

—Zentangle es una técnica de relajación basada en el dibujo de patrones que se forman repitiendo trazos básicos muy sencillos.

—Ah... sí, sí... Déjanos tu teléfono y ya te llamaremos.

Introducir una disciplina nueva siempre es complicado, pero lo es más cuando es completamente desconocida y la gente está un poco harta de que intenten «venderle motos». He dicho complicado, pero no imposible. Es cuestión de tener constancia y paciencia, creo yo, y una pizca de suerte si se está en el lugar indicado en el momento justo.

Finalmente, dos de las puertas a las que llamé se abrieron, una tienda de manualidades (¡gracias, Belén!) y una escuela de repostería creativa (¡gracias, Silvia, Maya y Aurora!), y empecé a dar clases con solo dos o tres alumnas en cada una de ellas. Una estaba en Torrejón de Ardoz, la otra en Villalba. Cómo puedes imaginar, se me iba el vino en catas. Rentabilidad cero, pero ilusión y fe en que aquello era algo más que dibujar y que tenía extraordinarios beneficios.

Despacito, como ocurre con las pequeñas cosas, la voz se fue corriendo y las clases se fueron llenando poco a poco. Empecé a compartir en las redes sociales lo que hacíamos en clase y a explicar a grandes rasgos en qué se basaba el método Zentangle. La difusión multiplicó por diez nuestra actividad comercial y cada vez hubo más gente interesada por saber en qué consistían aquellos «dibujos» y para qué servían.

Me empezaron a llamar para dar talleres por toda España los fines de semana. Imagina dar clases durante la semana en Madrid y el viernes, carretera y manta (con la manta llena de rotuladores y teselas, por supuesto), para dar clases todo el sábado e incluso el domingo por la mañana. Era agotador y mi marido, que me hacía de chófer, pedía descanso dominical de vez en cuando.

Así fue como engatusé a mi hermana Mercedes para que me acompañara a los talleres de muchos alumnos y especialmente a los de fuera de Madrid. Ella me ayudaba con el material y los alumnos, y solucionaba los imprevistos que siempre surgen a última hora. El tándem funcionaba estupendamente porque, aunque somos muy distintas, nos complementamos bien, y así es como pasamos a formar el equipo de El último tangle, nuestra escuela. Ella fue quien me animó a abrir un centro exclusivo de arte Zentangle y artes creativas complementarias, ya que cada vez teníamos más alumnos fijos en cursos mensuales y nos encantaba lo que hacíamos. Éramos la primera escuela de Zentangle y eso nos llenaba de orgullo y satisfacción (un momento, ¿dónde he oído esa frase antes?).

Ya os he hablado de Mercedes, pero prefiero que sea ella misma la que os cuente cómo llegó a su vida Zentangle:

Me llamo Mer o Reina de los Mares, como prefieras. Me he dedicado casi toda la vida al diseño gráfico y a la producción en artes gráficas. Debido a la crisis económica mundial y al imparable crecimiento de internet, mi sector cayó en picado en muy poco tiempo. El cambio digital no era tan sencillo. Nadie quería ya papel de cartas o sobres, los grafismos y la creatividad corrían a cargo de algún sobrino del cliente en cuestión que acababa de terminar un curso de Photoshop ofrecido por la oficina de empleo, me hacían pedidos increíbles de cincuenta tarjetas de visita como máximo... en fin, un verdadero desastre.

Mi vida profesional atravesaba un bache considerable; era autónoma, madre sola, y además me diagnosticaron una depresión por trastorno adaptativo para justificar mi malestar físico constante, dolores y cansancio extremo. Probé media farmacia en lo que respecta a antidepresivos y tranquilizantes, pero nada mejoraba. Soy muy rebelde para todo, así que no paré de ir de consulta en consulta hasta saber qué era lo que me pasaba y qué podía hacer para mejorar mi estado físico y mental. Me cambiaron el diagnóstico a síndrome de fibromialgia y fatiga crónica, una enfermedad cuyo origen y causas se desconocen y que no tiene tratamiento aparte del sintomático, que ni siquiera es muy eficaz. Había conseguido poner nombre a lo que me ocurría, pero poco más, así que te puedes hacer una idea de mi estado anímico.

María me pidió que la ayudara de vez en cuando con los grupos grandes. Para ella era complicado estar pendiente de todo a la vez. Y especialmente cuando salíamos de Madrid, ya que conducir es una de mis pasiones. Así mataba dos pájaros de un tiro, conseguía distraerme de mis problemas y además iba familiarizádome con Zentangle, con el método, sus bases, sus teorías más que aplicables a la vida ordinaria, la maravillosa gente que lo practica a nuestro alrededor, etc.

Escuchando a María me aprendí las clases de memoria y sobre todo empecé a interiorizar esas teorías tan útiles y tan opuestas a la vida que yo había llevado hasta ese momento. Cuando no había mucho trabajo, me sentaba a tanglear con los alumnos y descubrí que no solo podía hacerlo bien, sino que también me hacía sentirme especialmente bien. Estaba recuperando la creatividad que había quedado del todo enterrada por mi negatividad y baja autoestima. ¡Aquello era mucho más que dibujar! Estaba encantada de practicar Zentangle y olvidarme por un rato de mis problemas y dolores.

Poco a poco recuperé mi sentido del humor, mi amabilidad en el trato con los demás y mi empatía. Si aquello funcionaba conmigo, tenía que hacer todo lo posible por transmitirlo a los que sufrían como yo por problemas físicos, emocionales, enfermedades o situaciones difíciles. Entiendo por situaciones difíciles aquellas que nos atrapan en un bucle infinito de malestar y nos impiden ver la luz al final del túnel. Decidí hacerme también profesora y así poder abarcar grupos más grandes y diversificar enfoques de Zentangle dentro de la escuela, llegado el momento. Aunque no podamos definirlo como un método terapéutico, comprobamos a diario los efectos positivos que tiene en las personas con las que trabajamos y esa es mi misión: apoyar y difundir su carácter sanador.

Me costó convencer a María para darnos a conocer en las redes sociales tal y como somos, porque siempre hemos tenido inculcada la seriedad en el trabajo y ella no quería que eso nos restara credibilidad. Pero algunos de esos prejuicios han cambiado con el tiempo, o al menos eso creo yo. Todo el mundo agradece que las personas a las que sigue o admira sean gente «normal» en el más amplio sentido de la palabra. Así que, además de las publicaciones sobre nuestros trabajos y talleres de Zentangle, empezamos a incluir fotos y vídeos haciendo el tonto y divirtiéndonos exactamente igual que haríamos sin estar ante una cámara. Y así es como pasamos de ser María Tovar y Mercedes a llamarnos «las Zendashian», un «palabro» propio que surge de combinar «zen» con el apellido de unas glamurosas, ejem, hermanas *influencers* famosas en Instagram, o sea, nada que ver con nosotras salvo por algún «posado robado» de nuestro álbum de fotos. Nos encanta cuando, al llegar a algún taller, hemos oído susurrar: «¡Mira, ahí llegan las Zendashian!».

1

¿Qué es Zentangle?

Es olvidarte completamente de tus problemas durante
un par de horas que se pasan volando.

PILAR H., paciente oncológica

¿CÓMO Y CUÁNDO SURGE ZENTANGLE?

*Maria Thomas estaba meditando, sin saberlo,
a través del dibujo repetitivo que formaba un patrón
concreto dentro de los límites de una letra iluminada.*

Maria Thomas y Rick Roberts son los creadores del método Zentangle y nuestros queridos y admirados maestros. Su descubrimiento también fue de forma casual. Maria es una reconocida y prestigiosa calígrafa y acuarelista en Estados Unidos. Un sábado de otoño, allá por 2003, estaba trabajando en su estudio decorando una letra iluminada para un manuscrito. La labor consistía en repetir trazos dentro de los límites del borde de la letra. Estaba tan absorta en su diseño que Rick entró en la habitación y la llamó unas cuantas veces. Maria ni siquiera se dio cuenta de que él estaba ahí de pie, mirándola, hasta que hubo pasado un buen rato.

Rick ha dedicado gran parte de su vida a la meditación y al yoga, e incluso fue monje budista durante diecisiete años. Cuando regresó a Estados Unidos, observó que la cultura occidental no estaba acostumbrada a las técnicas meditativas y que le resultaba mucho más difícil conseguir que sus alumnos alcanzaran ese estado de abstracción.

En ese momento, en el estudio de Maria, Rick se dio cuenta de que el dibujo repetitivo de trazos sencillos dentro de una superficie delimitada era exactamente la guía que estaba buscando para alcanzar el estado meditativo.

Maria estaba absorta y feliz, fuera del mundo, meditando sin pretenderlo. Cuando tomó conciencia de lo que había sucedido, empezaron a comentarlo y a tratar de analizarlo para repetir la experiencia siempre que quisieran.

Entre ambos y en un fin de semana, sentaron las bases de lo que poco después se llamaría Zentangle. Empezaron a trazar los primeros patrones o tangles intentando que fueran muy sencillos para que todos pudieran practicarlo.

La energía y entusiasmo que pusieron en su desarrollo aún se percibe cuando vuelven a relatarlo. Probaron a practicarlo con su familia y amigos para observar si también los llevaba al estado de calma y de paz que perseguían. También se ocuparon de investigar qué materiales eran los más adecuados y accesibles para que todos, en cualquier momento, pudieran tanglear casi en cualquier sitio. Ellos dicen que pueden llevarse en un bolsillo de la camisa o en una carterita que resulte fácil tener a mano.

¿En qué consiste el método Zentangle?

El método Zentangle ha contribuido a mi bienestar general ya que a través de él puedo canalizar mis emociones. Me ayuda a relajarme, a tener paciencia a concentrarme.

Begoña B.

«Zentangle» proviene de la suma de las palabras «zen», que significa meditación, y «tangle», que significa «enredo» en inglés, pero más referido a un reto que a un lío engorroso, como podría interpretarse en español. Es justo por ese matiz algo negativo por lo que hemos decidido no traducirlo.

Zentangle es un método de relajación basado en el dibujo repetido de trazos muy sencillos en una determinada secuencia para crear bellos patrones. A estos patrones los llamamos tangles. Los trazos básicos con los que podemos formar tangles son los que forman la palabra «**icso**»:

- **.:** un punto
- **I:** una línea recta
- **(:** una línea curva
- **S:** una línea doble curva
- **O:** un orbe

Un tangle estará formado por solo dos o tres de esos trazos básicos. Cualquier persona que sea capaz de sujetar un rotulador para dibujar esas cinco formas básicas puede hacer Zentangle y descubrir al artista que todos llevamos dentro. Sí, también hay un artista en tu interior y te vamos a ayudar a descubrirlo.

Hay una técnica similar, el garabateo (*doodling* en inglés), que es lo que la gente nos dice que hace cuando habla por teléfono o mientras escucha una conferencia. Hay una diferencia fundamental entre ambas técnicas y es la atención. Cuando hacemos garabatos, tenemos la atención puesta en la conversación o conferencia (o al menos así debería ser). En el método Zentangle, nuestra atención debe estar en los trazos que estamos haciendo porque, de otra manera, no formaremos el patrón que queremos; crearemos otro, probablemente bello también, pero nuestra mente seguirá lejos del papel y no nos habremos abstraído de nuestros pensamientos recurrentes.

Zentangle tiene dos vertientes, una meditativa y otra artística. Ambas son importantes y ambas nos proporcionan bienestar por razones distintas. La vertiente meditativa nos hace concentrarnos en el trabajo y silenciar la jaula de grillos que la mayoría de nosotros llevamos dentro, diciéndonos siempre lo que debemos o no debemos hacer. Bloquearla es tremendamente relajante y sanador.

La vertiente artística es un refuerzo importantísimo para nuestra creatividad y autoestima. Cuando enseñamos nuestras creaciones Zentangle a una persona, la respuesta habitual es: «Yo no soy capaz de hacer eso. ¡Se me da fatal dibujar!».

Crear algo bello refuerza nuestra autoestima y nos anima a seguir descubriendo qué más cosas podemos hacer de las que no nos creíamos capaces, y también nos abre un camino para rescatar nuestra creatividad. Más aún cuando el bello resultado es una sensación inesperada porque alguien nos dijo en un momento puntual y sobre un ejemplo concreto que no lo hacíamos bien. Ese momento suele ser la niñez, y a partir de ahí decidimos que eso que no hacíamos bien era mejor no repetirlo. Vamos a demostrar que nada es más erróneo para nuestros futuros artistas que esos desafortunados juicios.

Principios básicos del método Zentangle

Zentangle tiene unos principios básicos muy sencillos que resumimos en:

– *No perseguimos un objetivo*. Los tangles son patrones que vamos creando paso a paso; no tienen que parecerse a nada. Es un arte abstracto. En las teselas no hay arriba o abajo; por eso podemos girarlas y estarán bien en cualquier posición. Debido a ello, nos ahorramos el estrés que puede crearnos el dibujo artístico figurativo, donde un jarrón tiene que parecer un jarrón. Aquí trabajamos con líneas, puntos y curvas, y así es como queremos que se vean incluso cuando, una vez terminado, el tangle se pueda parecer a algo. Intentamos que nuestros alumnos vean el tangle y no una flor, un animal o a lo que sea que se parezca. Todos escuchamos las mismas instrucciones y, sin embargo, cada uno las interpreta de una manera distinta y muy personal. Y todas las interpretaciones serán bellas y perfectas a pesar de sus imperfecciones.

– *Atención a la línea o al trazo actual*. En el método Zentangle vamos paso a paso, concentrándonos en el trazo que estamos haciendo en ese mismo momento. El trazo que hemos hecho antes es pasado y ya no nos importa; da igual si ha nos salido como esperábamos o no. Y el trazo que haremos a continuación es futuro, tampoco nos podemos ocupar aún de él. Así que nos centramos en el que estamos trazando ahora e intentamos disfrutar de la sencillez de hacer un trazo de rotulador sobre un papel. Simplemente un rotulador que sujetamos con suavidad entre los dedos, como si fuera una pluma, y un papel fantástico que engrandece cada trazo único. Sin riesgos. Sin expectativas. Sin planes. – *No hay error.* Este es nuestro principio favorito. En el método Zentangle cada persona interpreta unas instrucciones y crea su propia versión del tangle. Ninguno está bien o mal. Cada uno es distinto y perfecto tal y como ha salido en ese momento. Podremos repetirlo y saldrá diferente, pero no necesariamente mejor. De hecho, nunca haremos dos tangles iguales, porque depende de nuestro estado personal en el momento de tanglear: podemos estar más contentos o más nerviosos, etc. Y eso se reflejará en nuestra tesela. Si la repetimos mañana, saldrá distinta. Si algún trazo no sale como esperábamos, no es un error, sino tan solo una vía creativa distinta. Si no nos convence, tenemos varias opciones:

1) Intentamos adaptarlo para que sea similar a lo que íbamos trazando, sin repasarlo. Cuando nos empeñamos en repasar un trazo que ha salido tembloroso y queremos «mejorarlo», lo único que conseguiremos es que tenga una mayor carga de tinta y se note mucho más.

2) Nos olvidamos de ese trazo y seguimos adelante. En el conjunto final no se apreciará si es así de forma voluntaria o accidental, de manera que no hay que preocuparse de nada en absoluto.

3) Abrimos una vía nueva repitiendo los siguientes trazos como el que ha salido diferente y, quién sabe, quizá estemos descubriendo una variación del tangle, también llamada tangleación, o incluso un tangle nuevo.

Al igual que en la vida real, no usamos goma de borrar. Cuando cometemos un error en la vida real, podemos resolverlo si tiene solución, o bien seguir adelante y olvidarnos de él si no la tiene. ¿De qué sirve dar vueltas una y otra vez a lo que hemos hecho mal? De nada en absoluto. Sigue adelante con tu vida y dentro de poco ni te acordarás. Y si es muy grave, tendrás que aceptarlo y aprender a vivir con ello, asumir la responsabilidad, pero sin juzgarte constantemente.

En Zentangle, si borrásemos y repitiésemos el trazo, haríamos exactamente lo mismo que estábamos haciendo. Si no lo borramos, nos obligamos a discurrir para ver de qué manera podemos adaptarlo a lo que queríamos hacer, o bien aprendemos que un error dentro de un conjunto de aciertos no tiene ninguna importancia. Ambas opciones son muy aplicables a nuestro día a día y te aseguramos que tienen un beneficio enorme para nuestra autoestima.

Características de Zentangle

– *Ver más allá*. Zentangle es una disciplina artística que desarrolla mucho la creatividad con la que todos nacemos. Cualquiera puede inventar un tangle nuevo, formado por dos o tres de los cinco trazos básicos que hemos descrito. A veces surge en nuestra cabeza de forma espontánea y otras nos inspiramos en un patrón repetido que tenemos delante de nuestros ojos en una tela, una reja, la naturaleza, etc. Cuando nuestra mente se acostumbra a tanglear, salimos a la calle y vemos las cosas de otra manera, empezamos a valorar las formas, los detalles ornamentales, los patrones repetidos, etc. Nosotras lo llamamos el efecto «En ocasiones veo tangles».

– *Generosidad.* Los tangles se van creando y recopilando en una serie de páginas web con su nombre, el de su creador y el paso a paso, para que el resto pueda tanglearlos, disfrutarlos y crear su propia versión. Las más conocidas son www.tanglepatterns.com y www.musterquelle.de. Antes de incluir un tangle en una de estas webs, hay que valorar si ya existe otro igual o muy similar para evitar repeticiones. Si es una idea nueva, se incluirá en el listado de la página en el lugar que le corresponda por orden alfabético para que las personas que quieran tanglearlo puedan localizarlo fácilmente.

Los creadores de un tangle comparten su diseño con el resto de la comunidad Zentangle para que cada uno pueda hacerlo a su estilo y eso sirva de inspiración a los demás. El autor le pone el nombre que quiere, que por lo general no tiene nada que ver con su apariencia, para que no se identifique con dibujos figurativos y siga siendo del todo abstracto.

– *Materiales sencillos y fáciles de transportar.* Para hacer Zentangle necesitamos muy pocas herramientas que, además, están pensadas para que quepan en un bolsillo de la camisa o en una carterita que nos resulte fácil tener a mano. Así podremos tanglear en casi cualquier circunstancia. Es especialmente útil en momentos en los que tenemos que esperar durante un tiempo indefinido, como, por ejemplo, en la sala de espera de una consulta médica. En vez de estar pendiente del retraso que lleva el médico y el tiempo que estás perdiendo, saca tu bolsita de material de Zentangle y ponte a tanglear. En unos minutos estarás en otro mundo y puede que incluso te moleste oír a la enfermera decir tu nombre.

– *No se necesita un largo período de formación para dis-*

frutar de los resultados. Nosotras impartimos un taller de iniciación al método Zentangle de unas dos horas de duración, y a partir de ahí ya puedes hacer todo lo demás. No hay niveles. Si conoces las bases, algo de nomenclatura y los principios básicos, ya puedes disfrutar de un montón de buenos ratos tangleando a tu ritmo. Siempre recomendamos realizar el taller de iniciación a Zentangle con un profesor titulado. Solo ellos están formados para transmitirte los conceptos fundamentales y hacer que tu experiencia Zentangle sea mucho más enriquecedora y resulte mucho más que simplemente hacer unos dibujos preciosos.

Debido a la pandemia mundial de COVID-19, nos vimos obligadas a cerrar el local donde teníamos nuestra escuela El último tangle. De un día para otro, realizamos una formación intensiva para poder continuar dando clase a nuestros alumnos a través de las plataformas en línea. Somos un poco anti-tecnología, pero cualquier cosa era mejor que quedarnos sin poder dar clase al menos a nuestros alumnos habituales, que ya son un grupo de amigos.

Decretaron el estado de alarma en España y nos tuvimos que encerrar todos en casa para frenar la evolución de la pandemia en la medida de lo posible. Somos latinos, no estamos acostumbrados a quedarnos encerrados, y percibimos la angustia y la ansiedad de la gente. Para entretener y distraer a nuestros seguidores de Instagram, nos pusimos de acuerdo con un grupo de profesores CZT españoles y comenzamos a dar clases gratuitas en directo todos los días. Se empezó a correr la voz y la iniciativa creció de manera exponencial. El taller de Zentangle era el ratito de alivio para olvidar los horribles momentos que vivíamos. Nos mantenía unidos y alejados de la cruda realidad. De alguna manera, nos convertimos en una gran familia Zentangle con seguidores en todas las partes del mundo: Estados Unidos, India, México, Colombia, Corea, Alemania, Países Bajos, Bélgica, Reino Unido, Italia, Venezuela, Argentina, Sudáfrica, etc.

En aquellos talleres de Instagram, enseñábamos tangles y cómo combinarlos, guiábamos a nuestros alumnos en los trazos y les insistíamos en que controlaran la respiración, pero no explicábamos los conceptos fundamentales del método Zentangle. Las condiciones de un directo en Instagram no eran adecuadas para hacerlo. Se trata de talleres introspectivos y hay que cuidar una serie de detalles para que todo salga bien y se consiga la atmósfera de paz y bienestar que es imposible lograr en un incontrolable directo en las redes sociales.

Con el tiempo, nos dimos cuenta de que esas explicaciones eran absolutamente necesarias para entender y aprovechar todos los beneficios derivados de la práctica regular de Zentangle. Las personas que habían aprendido a tanglear en los directos lo asociaban con hacer unos dibujitos muy monos, pero ¡Zentangle es mucho más que dibujar!

Pasados esos duros momentos, volvimos a impartir nuestras clases en línea y a recomendar hacer un taller de iniciación al método Zentangle con un profesor titulado, que es quien está formado para transmitir de primera mano todo este trasfondo. En solo dos o tres horas, tendrás la formación necesaria para disfrutar con Zentangle y descubrir al artista que hay en ti.

– *Respeto por tu arte*. Utiliza los mejores materiales posibles a los que puedas acceder. Siempre inculcamos a nuestros alumnos que respeten su arte. Esto incluye un espacio físico que te resulte especialmente agradable y tranquilo. No necesitas grandes espacios, sino solo un rincón donde te sientas a gusto, una superficie bien iluminada donde apoyar tu tesela y una silla cómoda. Este será tu «espacio Zentangle» a partir de ahora y, una vez que lo interiorices, te llenará de paz y serenidad en cuanto lo visualices. Este respeto del que hablamos también incluye los materiales que vas a utilizar para tus creaciones Zentangle.

No es lo mismo tanglear en un papel cualquiera con un rotulador cualquiera que tanglear con un rotulador calibrado con una punta fina y precisa sobre un magnífico papel de algodón cien por cien, fabricado especialmente para grabado, donde el grafito adquiere una dimensión inesperada y grandiosa.

Al igual que con el material básico de Zentangle, te aconsejamos que, si vas a adquirir acuarelas, lápices de color, pasteles, etc., no compres los más baratos porque el resultado que te pueden dar también será «barato». Si ahora mismo no te puedes permitir una buena caja de lápices, ahorra o sugiérelo como regalo de cumpleaños o Navidad, pero consigue buenos materiales para que el resultado de tus trabajos sea igual de bueno.

Muchas veces nuestros alumnos primerizos se desaniman al ver que sus trabajos no tienen el brillo o el acabado de las creaciones de sus compañeros más expertos, y la diferencia estriba precisamente en que ellos ya han aprendido que hay que proveerse de las mejores herramientas.

¿Quién puede hacer arte Zentangle?

Cualquier persona capaz de sujetar un rotulador entre los dedos y realizar los siguientes trazos básicos puede hacer arte Zentangle:

- **.:** un punto
- **I:** una línea recta
- **(:** una línea curva
- **S:** una línea doble curva
- **O:** un orbe

Hemos tenido alumnos desde los cinco años hasta los noventa y dos. No ofrecemos talleres para niños y talleres para adultos. Todos pueden hacer arte Zentangle juntos. Es más, lo recomendamos porque así aprenden unos de otros y la experiencia es mucho más rica. Los adultos aprenden de los niños a no juzgar tanto y a no ser tan exigentes, se contagian de su frescura y entusiasmo. Los niños de todas las edades que participan en los talleres se sienten importantes realizando la misma actividad, con los mismos materiales y al mismo tiempo que los mayores. Hemos llegado a tener tres generaciones juntas en una clase, abuela, hija y nieto, y ha sido un placer verlos felices compartiendo su experiencia, igual pero distinta para cada uno de ellos.

He llevado a cursos intensivos de arte Zentangle en verano a algunos de mis nietos y les encanta. Algunos empezaron con seis años, tres horas de clase, mezcla de gente de todas las edades, y encantados. El pasado verano, dadas las circunstancias y la imposibilidad de llevarles a los cursos, viajar, etc., dos de mis nietos, ambos de nueve años, venían a mi casa dos días a la semana y hacíamos Zentangle durante toda la mañana, acompañados de mi marido, que jamás había cogido un lápiz para dibujar nada y que también se enganchó.

Elisa

Siempre decimos que «el que tanglea unido, permanece unido». Realizar juntos una actividad creativa y artística, genera unos vínculos muy positivos. Cada día compartimos menos actividades en familia porque estamos invadidos casi completamente por la tecnología, así que volvamos a utilizar las manos, un papel y un rotulador y dejemos volar nuestra imaginación hacia nuevos mundos.

Hemos realizado talleres con pacientes de salud mental, con niños que tienen síndrome de Down, con pacientes que sufren lesiones cerebrales. Este tipo de talleres son un regalo para cualquiera que los imparta, siempre se aprende más de lo que se enseña. Hablaremos de ello más adelante, pero os adelantamos que los resultados son sorprendentes.

2

La práctica Zentangle

Hace cinco años que descubrí Zentangle porque me
regalaron un Taller de Iniciación por Navidad. Estoy muy
agradecida porque esta forma de poder integrar la creatividad en mi día a día de una forma tan fácil ha hecho que
pueda encontrar mi momento de relax y desconectarme de
lo que me rodea y agobia.

EMILIA P.

La mayoría de nosotros llevamos un ritmo de vida muy
por encima de lo que nos gustaría. Siempre andamos con
prisa para todo, repartiendo nuestra motivación e interés
entre las múltiples tareas que debemos afrontar a diario.
Nosotras conocemos a muy pocas personas que no hayan
sufrido nunca problemas de estrés o ansiedad y eso es muy
significativo. Quizá es con la edad como aprendemos que
esa no es la mejor manera de vivir.

Vivir es mucho más que cumplir todas las expectativas que
la vida nos va poniendo delante de manera casi infinita. Ni

tampoco hay que hacerlo todo con el máximo nivel de auto-exigencia de que somos capaces. ¡No! Eso solo nos convertirá en seres permanentemente insatisfechos que se juzgan y juzgan a los demás por no alcanzar esa quimérica perfección. Siempre culpamos a la sociedad de lo que nos demanda, pero no es cierto: solo nosotros nos exigimos, solo nosotros aceptamos los compromisos que queremos. Cuando una persona nos dice: «A ver si encuentro un momento para hacer Zentangle», nosotras pensamos que no hay que esperar a que llegue ese momento, sino que hay que crearlo y darle prioridad frente a otras cosas que seguro que serán menos importantes para ella porque le aportarán menos beneficios que su práctica Zentangle.

En los talleres de iniciación siempre hablamos de los beneficios que se obtienen de la práctica regular de Zentangle. Un día dedicado a aprender Zentangle es una sorpresa, una distracción, un entretenimiento. Pero la práctica regular de este arte es mucho más que eso. Todos los que practican meditación, yoga, conciencia plena (mindfulness) o cualquier otra actividad relacionada con relajarse, encontrarse a sí mismos, dedicarse un ratito «no productivo» y, sin embargo, tan positivo para su bienestar personal, etc., saben a qué nos referimos. Ese ratito es el que se convierte en costumbre y, con el tiempo, en un hábito necesario. Necesitamos poner un punto y aparte en nuestras vidas. Reconciliarnos con nuestro cuerpo y estado mental. Dedicarnos algo de tiempo y atención.

En nuestra escuela, hemos recibido a muchas personas a las que les habían recomendado la práctica Zentangle como terapia de relajación contra el estrés o la ansiedad. Ya hemos hablado del poco hábito y predisposición que los occidentales tenemos frente a las técnicas meditativas. El método Zentangle tiene una ventaja sobre la meditación clásica y la conciencia plena o mindfulness: no hace falta dejar la mente en blanco ni centrarse en la respiración (lo que, por cierto, resulta bastante agobiante para las personas que sufren de ansiedad). Esa ventaja es que alcanzaremos el estado meditativo sin darnos cuenta, sin querer, sin empeñarnos en conseguirlo. Zentangle nos distrae por completo de la jaula de grillos que solemos llevar dentro de la cabeza, que siempre nos da órdenes sobre todas nuestras obligaciones, nos recuerda lo que hemos dejado sin hacer y aprovecha cualquier aspecto negativo para «machacarnos». En cuanto empecemos a hacer trazos en su determinada secuencia, la jaula de grillos se quedará en silencio porque toda nuestra atención deberá estar en nuestro trazo del momento presente.

PRIMERA CLASE CON UN PROFESOR CZT

Siempre recomendamos a los alumnos que asistan a un taller de iniciación al método Zentangle impartido por un profesor titulado, o CZT (del inglés Certified Zentangle Teacher). Solo ellos están formados para transmitir el regalo que es Zentangle. Si entras en la página www.zentangle.com podrás acceder a un listado de profesores CZT de todo el mundo y localizar el que tengas más cerca.

La diferencia entre un profesor CZT y alguien que ha aprendido a hacer tangles es que en el seminario para obtener el título forman para «enseñar Zentangle», no a «hacer los tangles». Eso incluso lo podría hacer uno mismo siguiendo los paso a paso que están disponibles para cualquiera que curiosee un poco en internet.

Enseñar Zentangle no es solo mostrar la forma en que se realizan los trazos y los bordes o cómo se sombrea. Enseñar Zentangle es impregnarse de un halo de amabilidad, entusiasmo y respeto para no juzgar ni el propio trabajo ni el de los demás, para motivar y animar siempre a los alumnos a fin de que vean que lo que les hace distintos de los demás es un valor y no una falta que deben corregir. Es ayudarlos a encontrar a su artista interior, a abrir sus vías creativas, que están ocultas, pero existen.

Zentangle es un método de relajación y nunca debe crear estrés por no conseguir un trazo o círculo perfecto, sino todo lo contrario. Ese trazo imperfecto lo hemos hecho nosotros y es maravilloso en el conjunto de trazos de nuestra tesela.

Nosotras también recomendamos que pruebes con varios profesores CZT. Al igual que los alumnos, cada profesor tiene sus rasgos distintivos, sus características y enfoques únicos. Beber de varias fuentes siempre será más enriquecedor para ti. El arte Zentangle se retroalimenta de todos, profesores y alumnos por igual, y cuanto más practiquemos y compartamos, más creativo y rico será.

Materiales para la práctica Zentangle

Los creadores de Zentangle han diseñado los materiales más adecuados para su práctica. Son muy sencillos, pero a la vez muy especiales. Consisten en:

- Una tesela. Es un cuadrado de papel de 89 x 89 milímetros. Estas teselas de Zentangle son de algodón cien por cien, fabricado por Fabriano Tiepolo de manera artesanal con la misma técnica desde la Edad Media. Están cortadas con un borde irregular, lo que añade gran belleza al trabajo final. Es el mejor papel y el que siempre recomendamos, pero, si no puedes encontrarlo, busca un papel de color crudo y recórtalo a ese tamaño.

- Un rotulador calibrado de punta 01, de color negro y tinta permanente. En la actualidad existen varias marcas en el mercado. Si no encuentras un rotulador calibrado, cualquier rotulador negro de punta fina y tinta permanente te servirá.
- Un lápiz 2B.
- Un difumino o un tortillón. Es un tubito de papel prensado que sirve para extender el grafito del lápiz sobre el papel. El difumino tiene dos puntas y el tortillón solo una.

Este es el material básico para empezar a tanglear. Más adelante irás conociendo otros colores de papel, rotulador, lápiz, etc. Como ves, es un material que ocupa poco espacio y es fácil de transportar para amenizar una larga espera en un aeropuerto o en la consulta del dentista.

Siempre te recomendaremos que utilices los mejores materiales que tengas a mano, pero también te diremos que nunca te quedes sin tanglear por no tener el material específico. El resultado artístico es el que variará en función de los materiales, pero no el meditativo. Haz Zentangle siempre que puedas, incluso con un bolígrafo en la servilleta o el mantel de papel de un bar.

Los ocho pasos

La práctica habitual de Zentangle, aunque solo sea durante un ratito, es toda una ceremonia y como tal tiene un ritual propio. Nuestros maestros, Rick y Maria, han establecido ocho pasos para ella, que nos ayudarán a crear un ambiente especial y nos llevarán paso a paso a un estado de bienestar muy sanador:

1. *Gratitud*

Antes de comenzar la clase dedicamos unos segundos a respirar hondo unas cuatro o cinco veces. Inspiramos despacio y profundo y exhalamos lentamente. Este sencillo gesto reducirá nuestra frecuencia cardíaca, calmará nuestro espíritu y de alguna manera nos preparará para la clase.

A continuación, nos tomaremos unos segundos para agradecer la oportunidad de disfrutar el rato que vamos a dedicar a la clase y a nosotros mismos, y los estupendos materiales que vamos a emplear en el taller; también a agradecer nuestra salud y las condiciones físicas y mentales que nos permitirán tanglear en unos momentos. Parece algo simple, pero te aseguramos que reflexionar y dar gracias por las cosas buenas que nos brinda el momento presente nos acerca muchas veces a la felicidad.

2. *Puntos en las esquinas*

Tomaremos el lápiz y suavemente situaremos cuatro puntos en las esquinas. Donde queramos. No tienen por qué ser paralelos ni estar a la misma distancia del borde. Intenta que no se marquen mucho para que pasen desapercibidos en el resultado final.

3. El borde

Enlazaremos los puntos que hemos situado en las esquinas lo más ligeramente posible. Si el trazo es muy suave casi no se apreciará después de tanglear la tesela. Podemos unir los puntos con líneas rectas o algo curvas. Como queramos. E incluso hacer alguna floritura que se nos ocurra de repente.

4. El hilo

Llamamos hilo al trazo a lápiz que dará lugar a las secciones que vamos a crear dentro del borde. En cada sección haremos un tangle distinto. En un taller de iniciación solemos trabajar con tres o cuatro secciones para enseñar los tangles básicos, en los que aprovechamos para explicar algunos conceptos clave de este método, como son dibujar por detrás, hacer auras o «aurar» (es decir, hacer una línea paralela al trazo anterior), etc. Cuando tangleamos por nuestra cuenta, trazamos el hilo de forma aleatoria. Tal y como nos salga. A nuestro gusto. Pueden salirnos tres o siete secciones, no es importante. El hilo no es un límite rígido, sino más bien una goma elástica que podemos ignorar siempre que queramos. Si nuestro tangle fluye y quiere «salir» de su sección para pasar a otra, lo hará. Y será fantástico.

5. *Tangles*

Es hora de empezar a tanglear. Trazaremos un tangle distinto en cada una de las secciones. La forma de la sección nos puede sugerir el uso de un tangle concreto, pero eso surge con la práctica y el aprendizaje de nuestros «tangles de confort».

6. *Sombreado*

Algunas personas no sombrean sus tangles y es perfectamente válido. No obstante, a nosotras nos gusta mucho sombrear y casi siempre con intensidad; nos escucharás hablar de sombreado intenso, con mucho contraste. A veces lo encontrarás descrito como «sombreado con mucho drama», que es una traducción literal del inglés.

En el arte de Zentangle, el sombreado no es realista, sino mucho más sencillo. No analizamos de dónde viene la luz ni cómo se refleja. Simplemente, enriquecemos el tangle al darle un poco de volumen, profundidad y personalidad con trazos suaves de grafito que después extenderemos con el difumino.

7. *Firma e iniciales*

Cuando ya hemos terminado nuestra primera tesela, firmamos nuestro trabajo, como haría cualquier artista. Solemos firmar con el nombre completo en la parte de atrás de la tesela e inventamos una firma Zentangle para poner dentro de nuestro trabajo, a veces en una esquina, otras camuflada entre los trazos. Como queramos. Esta firma Zentangle suele ser una o varias de nuestras iniciales, un garabato o cualquier dibujillo simple que nos represente y sobre todo que identifique la tesela como nuestra. Acabamos de crear nuestra primera gran obra de arte Zentangle.

8. Valoración y aprecio

Este es el último paso de la ceremonia Zentangle y uno de los más sorprendentes e importantes. Es ahora cuando nos damos cuenta de que hemos sido capaces de crear un trabajo bellísimo. Y también cuando observamos el trabajo que han realizado nuestros compañeros y nos damos cuenta de que, con las mismas instrucciones, cada uno ha hecho un trabajo completamente distinto. Eso es lo mejor del arte Zentangle todas las creaciones son diferentes y todas son igual de bellas.

Cada tesela es única. Si mañana vuelves a tanglear los mismos tangles, te aseguramos que no te saldrán iguales porque tu estado físico y mental, tu actitud, etc., harán que tus trazos sean distintos y, por tanto, la tesela será una nueva versión. Ni mejor ni peor, solo diferente.

3

Los beneficios de la práctica Zentangle

Quería compartir con tangleros habituales y futuros lo importante que fue para mí descubrir Zentangle a través de María y Mercedes en su sueño: El último tangle. Debido a una enfermedad neuromuscular que padezco y que afecta, entre otras cosas, a la psicomotricidad fina, no podía realizar pinturas y dibujos clásicos, donde lo que prima es el resultado final. Para mí era muy frustrante y limitante no conseguir los trazos limpios y ordenados que requieren dichas técnicas. Pero María me enseñó la filosofía Zentangle «No hay error», donde lo importante es disfrutar del proceso.

Al finalizar una clase te das cuenta que has podido hacer una composición maravillosa y preciosa, a través de pasos sencillos que te relajan y dan lugar a obras sorprendentes.

Gracias a M&M he recuperado la ilusión y me han ayudado a ver de lo que soy capaz, lo cual ha reforzado mi autoestima.

Para mí, el arte Zentangle ha sido terapéutico y mágico. Animo a todo el mundo a que lo pruebe.

CARMEN R.

Percibimos los beneficios de la práctica Zentangle desde la primera clase. La sorpresa tan agradable que los alumnos se llevan cuando, en apenas un pestañeo (así es como perciben el tiempo que ha transcurrido desde que han empezado el taller), han sido capaces de crear un fantástico trabajo que les llena de orgullo y entusiasmo.

Beneficios mentales, psicológicos y sociales

Relajación

Muchos de nuestros alumnos han llegado a la escuela buscando un nuevo método de relajación porque los que han probado anteriormente no les han funcionado. Llevamos una vida caótica con unos ritmos muy superiores a los que nuestro cuerpo llevaría de manera natural. La mayoría nos hemos educado en el «tener» mucho más que en el «ser», y esa educación pasa factura en cómodos plazos de frustración e insatisfacción a lo largo de la vida.

Zentangle es un método sencillo, accesible y asequible que nos aísla del mundo y nos enseña valores y conceptos fundamentales como:

- Tener gratitud.
- Apreciar las cosas sencillas.
- No hacer juicios *a priori*.
- Saber que una diferencia no es un error, sino una oportunidad creativa.
- Compartir ideas en grupo que nos enriquecen a todos.

Nos vas a decir que todo esto ya lo sabes, y estamos completamente de acuerdo contigo, pero un recordatorio de vez en cuando siempre viene bien, ¿no crees? Repetir trazos sencillos dentro de un área delimitada tiene probados efectos relajantes para nuestro cerebro. Un ejemplo de este potente efecto relajante son los talleres que hemos realizado en el Hospital Doctor Rodríguez Lafora de Salud Mental de la Comunidad de Madrid. Nuestros talleres no van dirigidos a los pacientes, puesto que no tenemos la formación necesaria para ello, pero sí podemos formar a los enfermeros que realizan terapias con ellos. Los informes que nos entregan con los resultados son increíbles porque en ellos nos dicen que se han dado cuenta de que muchos de los pacientes necesitan menos medicación tranquilizante para dormir después de estas sesiones de Zentangle. Nos emocionamos solo de pensarlo. ¿No es maravilloso?

En palabras de Ángela Iglesias de la Iglesia, jefa de la Unidad de Enfermería de Trastornos de la Personalidad y jefa de estudios EIR del mencionado Hospital Dr. R. Lafora:

En el año 2016 buscando dar respuesta a los pacientes de Trastornos de la Personalidad que solicitaban alternativas en cuanto a los métodos tradicionales de relajación, encontré el método Zentangle como posibilidad para trabajar aspectos deficitarios en este tipo de pacientes, que con frecuencia presentan problemas relacionales, descontrol de impulsos, ansiedad y escasa tolerancia a la frustración, entre otros.

Tras un tiempo pensando cómo enfocar una actividad en la que los pacientes pudieran beneficiarse de las terapias complementarias de tercera generación, desarrollé un programa en el que el método Zentangle encajaba con los objetivos que pretendía.

Es en este momento cuando contacto con María Tovar de la escuela El último tangle, quien me descubre un mundo de posibilidades, aportando todo el conocimiento y la pasión que tiene sobre el método y su particular manera de enfocarlo, poniendo a mi disposición toda su ayuda para poder llevar a cabo este ambicioso programa con nuestros pacientes.

Despliego una formación (Arte y Música como vehículo facilitador de las intervenciones enfermeras) en el hospital dirigida al personal de enfermería en 2018 y 2019, en la que María pudo participar, orientando y apoyando a enfermeras especialistas en salud mental para la puesta en práctica del programa. Apoyo que a día de hoy sigue manteniendo.

Actualmente, esta intervención basada en el método Zentangle se integra en el plan individual de tratamiento en la comunidad terapéutica hospitalaria de trastornos de la personalidad del Hospital Dr. R. Lafora, en el marco de un programa de relajación que incluye diferentes técnicas, con el fin de dar opciones según las características individuales de los pacientes. Además de posibilitar al personal de enfermería trabajar otros aspectos como la potenciación de la autoestima y la creatividad, aceptación de experiencias, resolución de problemas, tolerancia a la frustración, mejora en la concentración y atención, en la comprensión espacial o en la coordinación óculo-motora. Facilitando también un sentido de pertenencia al grupo y respeto mutuo entre los participantes.

A día de hoy el programa sigue en marcha desde el año 2018 con una frecuencia mensual. Aportando satisfacción profesional a los enfermeros que lideran la actividad, valor muy preciado teniendo en cuenta el ambiente hostil al que se enfrentan a diario y las dificultades de las características de nuestros pacientes.

Tras un período de adaptación los pacientes se sienten adheridos al programa de manera satisfactoria, manifestando su agrado y bienestar durante las sesiones. Valorando, además, la concentración que les proporciona y la disminución de pensamientos rumiativos.

Somos conscientes de que los resultados se verán a largo plazo integrados en el tratamiento intensivo multiprofesional que se ofrece en la comunidad terapéutica.

También hemos realizado muchos talleres de Zentangle para la Fundación Diversión Solidaria y la Fundación del Hombre, dirigidos a pacientes oncológicos en clínicas GeénesisCare. Ambas fundaciones siempre realizan una encuesta de valoración después de cada taller y las opiniones coinciden en un noventa por ciento de los casos, por ejemplo:

El tiempo se me ha pasado volando y he estado feliz durante este rato sin acordarme para nada de mi enfermedad. Gracias. Me gustaría repetir el taller.

ALICIA E.

En palabras de una integrante de una de las fundaciones:

Zentangle forma parte de nuestras programaciones de actividades y experiencias de manera habitual, con resultados más que positivos y satisfactorios. Algunos colectivos, como mujeres víctimas de violencia de género o pacientes oncológicos adultos, han experimentado en primera persona los beneficios de esta actividad terapéutica. Nos ha servido para canalizar con ellos y ellas sus emociones más profundas, su autoestima, sus miedos, sus objetivos, sus talentos y sus capacidades. Hemos podido comprobar cómo han iniciado la actividad escépticos, llenos de miedos y de prejuicios, y la han acabado viendo cómo son capaces de utilizar su inspiración y su creatividad para huir o aparcar durante un momento su enfermedad o eliminar de su cabeza durante el tiempo que dura la actividad sus pensamientos más negativos o limitantes.

Si hemos sido capaces de mejorar la vida de un paciente oncológico durante un par de horas, ¿qué no podremos conseguir si incorporamos la práctica regular de Zentangle a sus terapias y ratos de espera?

Deseamos que estas fundaciones o cualquier otra sigan contando con nosotras para impartir estos talleres que son auténticas lecciones de vida y hacen que ser profesor de Zentangle sea un aprendizaje e ilusión continua.

En la Universidad Autónoma de Madrid, comenzamos a participar en mayo de 2019 en el seminario de Arteterapia para la asignatura de Salud Mental en Enfermería que se imparte a los estudiantes de último curso del Grado de Enfermería como método no farmacológico para aliviar la ansiedad y otros problemas de salud mental. Su responsable, Matilde Arlandis, nos lo cuenta:

Numerosos problemas de salud mental que se sufren actualmente tienen como base un problema de ansiedad debido, entre otras cosas, a la celeridad y estresores del mundo actual. El término «ansiedad» se define como un estado de alerta y activación frente a amenazas físicas o psíquicas reales o no. Ello posibilita respuestas para enfrentarse o defenderse de ellas. Sin embargo, la ansiedad no es un proceso patológico en sí, pues es un estímulo que nos mantiene alerta; solo lo será si el grado de ansiedad es muy elevado. Las enfermeras podemos tratar la ansiedad y el estrés en un grado leve.

Dentro de los tratamientos no farmacológicos de la ansiedad y de otros problemas de salud mental encontramos Zentangle.

Zentangle es un método de relajación que modifica significativamente los procesos biológicos relacionados con la ansiedad, reduciendo sobre todo la frecuencia cardíaca, respiratoria y el consumo de oxígeno, la tensión muscular tónica, el mareo o sensación de desfallecimiento y la tensión arterial. La causa es la gran concentración que exige a la persona que realiza la técnica.

Dadas las características y los beneficios de Zentangle, se decidió realizar un seminario, en la Universidad Autónoma de Madrid, a los estudiantes de tercer curso del Grado de Enfermería en la asignatura de Enfermería en Salud Mental: Estos seminarios, que llevan realizándose desde hace tres años, han resultado fundamentales para que los alumnos observen el gran potencial que como enfermeras tienen, siempre y cuando estén preparadas para aplicar esta forma de relajación.

Es un método fácil de aprender, es atractivo, intuitivo, divertido y relajante, y se acompaña de música agradable.

La práctica Zentangle y su ritual les permitieron a los estudiantes saber nuevas formas de aprendizaje imaginativo y de posibles intervenciones enfermeras para facilitar a los pacientes y a ellas mismas, lo que en los foros terapéuticos se denomina «yoga cerebral».

El seminario Zentangle impresionó y emocionó a los estudiantes. Observaron que sus dibujos a pesar de ser diferentes eran hermosos, y se sintieron orgullosos de sí mismos y relajados al finalizar la sesión. La sensación conseguida fue la que pretendíamos, que sintieran el gran abanico de posibilidades a realizar con sus pacientes, si estaban formadas para ello.

Zentangle se valoró por los universitarios como un instrumento positivo para las personas que presentan problemas enfermeros y también para ellos mismos. Los estudiantes evaluaron los diferentes seminarios sobre Zentangle, calificándolos de: «Divertidos, relajantes, entretenidos, fáciles de realizar, les había ayudado a concentrarse y a sentirse muy orgullosos de ellos al ver que podían realizar una obra tan bonita, a veces, sin saber dibujar, y expresaron que les había parecido corto...». Debemos clarificar que fueron dos horas.

La realización del seminario ha abierto perspectivas nuevas en la mente de los estudiantes de Grado de Enfermería, admitiendo que existen nuevas terapias muy valiosas a realizar y que de momento no se planteaban por desconocimiento.

Sería deseable que en un futuro se pudiera realizar esta técnica en las diversas instituciones sanitarias, consiguiendo, así, nuevas formas de relajación de las personas.

Así pues, tenemos mucho camino por delante para mejorar una parte de la vida de muchas personas de una manera sencilla, pero muy potente. ¡En eso estamos!

Mejora de la autoestima

Antes hemos hablado de los beneficios de la vertiente artística de Zentangle en lo que respecta a mejorar la autoestima. Es cierto que los alumnos nos comentan que, antes de realizar el taller, están convencidos de no ser capaces de dibujar. Cuando terminan y ven que no solo lo han sido, sino que además les encanta su creación Zentangle, se plantean qué otras cosas podrían intentar hacer a las que tampoco se han atrevido hasta ahora. Es un punto de arranque, de motivación para emprender nuevos caminos creativos que rompen barreras establecidas por nuestro subconsciente y nuestro Pepito Grillo. Esto es lo que comenta Alma, una de nuestras alumnas:

> Desde que descubrí esta técnica he podido observar muchos cambios, pero sobre todo cómo ya no me critico. Mis creaciones no son perfectas y eso me encanta. Para mí son pedacitos de mi alma. Mi mente se relaja y simplemente se deja llevar por los trazos.

Esta mejora de la autoestima es aún más notable cuando el alumno padece alguna enfermedad física o mental. Quitarnos de encima nuestro propio problema es muy difícil porque preside toda nuestra vida.

Hemos realizado talleres de voluntariado con la Fundación Amigó y la Fundación Krecer en Madrid. Son fundaciones que trabajan con personas en riesgo de exclusión social, tanto adultos como niños. Realizan una labor maravillosa con esos niños, adolescentes y familias, ayudándolos y motivándolos para mejorar su situación actual y, sobre todo, futura. Nos parecen increíbles las opiniones que escuchamos y el cambio en las caras de los alumnos tras los talleres y el resultado de su primera tesela. El refuerzo de alabar sus trabajos, sus diferencias, su creatividad, es mucho más palpable en estos talleres. El método Zentangle les sirve de trampolín para saltar a cualquier disciplina artística que los ayuda a enfocar su creatividad hacia fines educativos. Y aumentar su motivación por la educación es imprescindible para mejorar su futuro.

Ana Belén Merino es la persona de contacto que tuvimos para acceder a la Coordinadora Infantil y Juvenil de Tiempo Libre de Vallecas, Madrid. Tras unos cuantos talleres con diversos grupos, esta es su opinión sobre los resultados:

En la Coordinadora Infantil y Juvenil de Tiempo Libre de Vallecas tuvimos la oportunidad de disfrutar de diferentes sesiones de Zentangle en grupos de padres y madres, aunque la participación fue mayoritariamente de mujeres, en un grupo de chicas adolescentes y también en grupos de niños y niñas.

Para nosotras la experiencia fue muy interesante porque pudimos facilitar a estas personas una experiencia positiva, ya que lo que produjeron siempre tenía un resultado maravilloso, tanto para aquellas personas que son más hábiles manualmente como para otras que no lo son tanto.

Al inicio de la sesión, cuando se nos preguntaba si todas sabíamos hacer puntos, círculos, líneas rectas o curvas, no pensábamos que el resultado fuera a ser tan espectacular, y no estoy exagerando. En un ambiente tranquilo, sin prisas y sin agobios, en el que olvidamos lo que hay que hacer después, en el que podíamos dejar para más tarde nuestros compromisos y obligaciones, pudimos disfrutar de la creación propia, del sabernos capaces de hacer algo nuevo aun cuando no nos sentíamos capaces. Aprovechando el refuerzo del grupo gracias al reconocimiento de unas y otras, la puesta en común de ideas, y en donde no importa la calidad del resultado final, ya que este ha salido de ti y por eso mismo es único.

Consideramos que fue una actividad encaminada a disfrutar de un espacio de tranquilidad, realizando una actividad novedosa, pero muy fácil de desempeñar, y encaminada a mejorar la autoestima de las personas participantes porque lo que hacíamos siempre tenía un resultado bello.

Muchísimas gracias, María y Mercedes. Así nos hicisteis sentirnos.

Lo mejor de estos talleres es que nosotras nos sentimos infinitamente mejor que los alumnos. Por eso nos encanta impartirlos. Tener la sensación de que hemos regalado un instante de felicidad a personas vulnerables es una chispa que prende por dentro y premia cualquier esfuerzo que tengamos que hacer para dar a conocer el arte Zentangle al mundo.

Hemos realizado también algunos talleres con la Fundación Lescer, que se dedica a tratar a pacientes con daño cerebral adquirido tras un ictus o un traumatismo craneoencefálico. La primera vez que nos enfrentamos a estos talleres tuvimos una especie de pánico escénico por la responsabilidad que nos supuso plantear la práctica Zentangle de una manera que no frustrase a ninguno de los alumnos debido a sus limitaciones. El pánico se esfumó a los pocos minutos. Lejos de sentirse frustrados, estaban encantados con lo que les planteábamos y se sentían felices de crear su primera obra de arte Zentangle.

Los fisioterapeutas con los que hemos trabajado nos comentan la mejora en la motricidad fina que se adquiere con una una práctica regular de Zentangle. Aquí se combinan dos factores. Mejoramos la musculatura y la destreza de la mano, ya que para repetir los trazos de manera continua utilizamos los mismos grupos musculares. Y al mismo tiempo reducimos nuestra percepción del fallo o error en el caso de que los trazos no nos salgan como esperábamos. El resultado es que siempre se sale ganando.

Laura, neuropsicóloga del centro Lescer, lo explica mucho mejor que nosotras:

La metodología Zentangle tiene muchos beneficios a nivel cerebral. Aparte de proporcionar un estado basal de calma y bienestar, promueve la implicación de diferentes procesos cognitivos:

• Atención sostenida: contribuyendo al mantenimiento atencional en una misma tarea por un tiempo prolongado. Cuando conseguimos concentrarnos de forma plena en la actividad, ayuda a la inhibición de distractores, tanto de carácter interno como externo (atención selectiva).
• Velocidad de procesamiento de la información.
• Ideación adecuada de los movimientos organizados para realizar el diseño en la tesela (praxias).

- Capacidad de aprendizaje a través de la memoria procedimental, puesto que se trata de movimientos lentos, constantes, fluidos y repetitivos que son sencillos de recordar y cuya progresión de complejidad es ascendente.
- Coordinación óculo-motora.
- Habilidades visoespaciales y visoperceptivas (rotaciones mentales, relaciones espaciales, estimación de distancias...).
- Funciones ejecutivas (actividades mentales complejas), en concreto, planificación y organización de la secuencia de acciones, flexibilidad cognitiva (por tratarse de un proceso puramente creativo), control de impulsos, memoria operativa visual, toma de decisiones y solución de problemas.
- Regulación emocional (disminuye el estrés).
- Mejora la autoestima.
- Tolerancia a la frustración, puesto que en la metodología se abandona la lucha contra el perfeccionismo y el objetivo se centra en la aceptación de que «todo está bien».
- Al poder realizarse en grupo, favorece un entorno de cohesión y un buen ambiente.

Cohesión social

Celina Bonilla, antropóloga, educadora social y compañera CZT, entendiendo la salud no solo como la ausencia de enfermedad, sino como un estado de bienestar, opina que la persona adquiere recursos para hacer frente a las dificultades vitales, realizar actividades cotidianas con autonomía y contribuir a su comunidad:

Mi experiencia profesional como educadora social y antropóloga se ha desarrollado entre México y España en entornos y colectivos especialmente vulnerables: familias en zonas rurales, infancia en situación de calle y personas en riesgo de exclusión social. En los últimos años he participado en proyectos socioeducativos en zonas de alta diversidad cultural, donde, desde una perspectiva comunitaria, se pretende favorecer la convivencia ciudadana, mejorar las condiciones de vida de la población y crear una sociedad más cohesionada.

La práctica continuada de Zentangle en entornos vulnerables es considerada un activo en salud dentro de los procesos socioeducativos de quienes la practican. Observándose los siguientes beneficios tanto individuales como comunitarios:

a) Abordaje y prevención de la soledad no deseada y promoción del envejecimiento activo. Aunque es más frecuente en personas mayores, la soledad se puede sufrir a cualquier edad y su detección y abordaje previenen la exclusión social y el aislamiento, así como secuelas físicas y psicológicas que a largo plazo pueden convertirse en un problema de salud pública y repercutir en los sistemas sanitarios y de servicios sociales.

b) Trabajo desde una perspectiva intergeneracional e intercultural, al practicarse en entornos de alta diversidad. Al trabajar con personas de perfiles tan variados, favorece la intervención desde una perspectiva interdisciplinar (profesionales de distintos ámbitos), integral (al buscar una mejora a distintos niveles: físico, emocional, cognitivo y relacional) y transversal (al buscar una intervención social eficaz y sostenible).

c) Facilitación de un espacio para revalorizarse, al observar los beneficios y los resultados de la práctica Zentangle, y reconocerse, en cuanto quienes participan admiten que su presencia es importante para el grupo y tiene un impacto positivo en otras personas.

d) Acompañamiento social, educativo y emocional a las personas participantes; complementario a la enseñanza de la técnica artística. Las relaciones de ayuda que se establecen entre participantes y profesionales favorecen la motivación al cambio, la adquisición de hábitos saludables de autocuidado y la toma de decisiones referentes a sus propios procesos personales.

e) Enfoque de derechos: ofrecer un espacio de relajación, creación y crecimiento personal no como un lujo sino una manera de ejercer el derecho a la salud y educación a lo largo de toda la vida.

Beneficios artísticos y creativos

Nuestros alumnos habituales hablan de una mejora considerable de su creatividad en general, en sus trabajos y en su vida. De alguna manera, la seguridad que la práctica Zentangle les va proporcionando poco a poco sirve de refuerzo a su creatividad innata, aletargada tras haber recibido un juicio negativo, casi siempre excesivo e inoportuno. Si interiorizamos que no hay error, solo trabajos y enfoques diferentes, nos atreveremos a expresar nuestras ideas y sentimientos tal como son y no cómo creemos que deberían ser. Y también a exponer nuestras opiniones delante de los demás con mayor frecuencia, ya que entenderemos que sus juicios no son reglas fijas que hay que cumplir, sino simples opiniones personales, tan válidas como las nuestras.

Tanglear sobre una tesela en blanco con el borde y el hilo trazados a lápiz reduce enormemente el estrés que crea en un artista enfrentarse a un «lienzo en blanco». Tenemos unos márgenes que nos procuran seguridad. Márgenes que además son flexibles y podemos rebasar en caso de que nuestros tangles quieran «saltar» el hilo.

Realizar trazos repetidos de una manera concreta, siguiendo una secuencia determinada, nos reduce mucho la autoexigencia de tener que crear algo genial. Simplemente debemos interpretar los pasos que hay que seguir para formar el tangle según nuestra manera de hacer las cosas y nuestro estado físico y mental en ese preciso momento.

No tengas pretensiones ni prejuicios, tan solo déjate llevar por el rotulador en el papel. Cuanto más te sueltes, más te sorprenderás. Pero, si no te sale de manera espontánea al principio, no te preocupes; llegará con la práctica, cuando menos te lo esperes.

Cuando vayas practicando con tus tangles favoritos, se te irán ocurriendo nuevas formas de interpretarlos, es lo que llamamos «tangleaciones». Y más adelante querrás experimentar con otros colores de papel, de tinta, con otras técnicas... El arte Zentangle es un cabo suelto de un ovillo, así que tira de él. Las posibilidades creativas que te ofrece son infinitas. Y la creatividad se retroalimenta a sí misma cuando encuentra un buen campo en el que germinar. Te animamos a cultivarlo.

4

Ahora vamos a practicar

Me inicié en el mundo Zentangle con María Tovar. Cuando lo descubrí, tuve la sensación de abrir una puerta mágica... Me gustó mucho la experiencia y me apunté a las clases mensuales. No persigo ningún objetivo... Desconecto de mi día a día, me relaja, me centra, me hace ser consciente del momento... Es un ratito que me regalo a mí misma.

Cuando hace cuatro años me jubilé, mis compañeros me regalaron una caja muy bonita con un lazo muy grande, dentro de la cual había un libro de arte Zentangle, material variado y el papelito para asistir a un curso de iniciación. Nunca había oído hablar de Zentangle. Fui al taller de iniciación y ya nunca más me separé de él.

Yo soy de probar de todo y dejarlo después y con esto llevo ya cuatro años.

ELISA S.

Qué difícil me resulta hablar de mi primera tesela... no porque me cueste, sino por el tiempo que ha pasado. Soy María y os voy a contar cómo fue.

Por aquel entonces recortaba el papel de cartulinas, de cuadernos de Mix Media o de lo que encontrara. Me daba un poco de respeto el tamaño pequeño, pues me parecía que ahí no me iba a caber nada, así que recorté un tamaño casi de aprendiz, de unos 11 × 11 cm. Tracé el hilo y solo eso ya hizo que mi cabeza empezara a pensar en algunos de los tangles sencillos, que me habían llamado mucho la atención al verlos en alguna página de internet. Era curioso cómo esa simple línea a lápiz podía haber desatado ya unas cuantas ideas.

Entonces tomé el rotulador y comencé por el óvalo que se había creado. Pensé en poner ahí el tangle Knightsbridge, que es una pura cuadrícula, para compensar la redondez del espacio. Digo pensé y digo mal, porque todo me surgía como de manera automática.

Los tangles de los espacios contiguos me sugerían utilizar formas redondeadas para compensar la cuadrícula, y así todo iba surgiendo de forma espontánea, fluida, sin esfuerzo, sin presión. Casi como por arte de magia aparecieron en el papel Tipple y Printemps. Son tangles talismán para mí, me relajan por completo, y a día de hoy los sigo utilizando mucho. Por último, algo con líneas rectas y auras, para aumentar el grado de atención en cada uno de los trazos, que es lo que realmente me hace entrar en un estado de conciencia plena. El tangle Static era perfecto para ello.

Y así, sin darme cuenta, al rato tenía la tesela hecha.

Solo recuerdo lo bien que me sentía al acabar. Había pasado un rato (un tiempo indefinido, no sabía si eran treinta minutos o noventa) durante el que había estado completamente relajada, sin presión, agobios ni angustia, y además me encantaba lo que tenía delante en el papel. Era un trabajo sencillo, con trazos inseguros, que ahora contemplo con mucha ternura. Esos trazos me han traído hasta aquí, hasta hoy, y por ello les tengo mucho respeto.

He conservado esa tesela con todo mi cariño y estoy encantada de compartirla con todos nuestros lectores. Todo maestro ha sido principiante alguna vez y esta tesela fue mi principio, lo que me ha traído hasta el punto en el que hoy me encuentro.

Y ahora soy yo, Mercedes, la que hablaré de mi primera tesela, porque estoy segura de que muchos lectores se sentirán identificados.

Como ya he contado en el prólogo, la mayor parte de mi vida me he dedicado al diseño gráfico, por lo que mi cabeza estaba siempre orientada a la exactitud, la perfección, la simetría, etc.

Imagínate lo que puede ser llegar a un curso en el que te dan muy pocas instrucciones para que tú desarrolles tu trabajo según tus criterios, de forma libre y espontánea. ¡Estaba superperdida! ¡No paraba de hacer preguntas y protestar porque no me salía como yo quería! A día de hoy no entiendo aún como mi hermana, María, no me echó del taller.

No lo hizo porque ella ya sabía que algunas personas nos acercamos a Zentangle como si fuera algo clásico, rígido, previsible, y muchas más cosas que nada tienen que ver con él. Todo eso tiene más que ver con la mentalidad con la que nos enfrentamos a la experiencia que con la experiencia en sí. Fue un desastre y salí con dolor de cuello y mano de la tensión por querer hacerlo todo bien y al ritmo de los demás. Dije a María que no solo no me había relajado nada, sino que me había estresado muchísimo. Estaba enfadada. Pero ella no tiró la toalla conmigo, sino que me insistió con mucha paciencia para que repitiera intentando tomármelo de otra manera, sin expectativas, sin presión, sin límite de tiempo. Tuve que intentarlo varias veces, lo reconozco, pero mereció la pena cuando vi que, aunque los trazos no me salieran «perfectos», no suponían un problema al contemplar la belleza del trabajo acabado: era como si desaparecieran en el conjunto de trazos de la tesela.

A partir de ahí empecé a trastear y a perderle un poco

el «respeto». Me explico: decidí que era muy liberador hacer esos trazos imperfectos sabiendo que, aun sin coincidir con mis estándares, eran bellas obras de arte en miniatura que cada vez me enganchaban más.

Espero que mi experiencia te ayude a no tirar la toalla si, por la razón que sea, tu primera tesela Zentangle no te sale tal y como esperabas. En la mía todavía no había descubierto mi firma Zentangle, que consiste en una coronita escondida en algún tangle. Esa vez me limité a poner mis iniciales como solemos hacer la mayoría.

Ten paciencia. Date tiempo. Sé amable contigo mismo y con tu obra. Piérdeles el respeto al rotulador y a la tesela en blanco. No hay ningún riesgo. No hay ningún juicio. Solo hay que disfrutar de este tiempo que te dedicas a ti.

Ahora vamos a dejar de hablar de nuestras primeras experiencias en arte Zentangle y pasaremos a hablar de la tuya, porque seguro que estás deseando empezar. ¡Vamos a ello!

Para comenzar, simplemente te recomendamos que busques un lugar cómodo, con buena luz, en el que te sientas a gusto. No hace falta que sea muy grande, un rincón de una mesa con una silla cómoda será suficiente. Si tienes la posibilidad de estar un poco más aislado, te será más fácil concentrarte al principio. Luego, con la práctica, verás que no es imprescindible, porque tus tangles te aislarán del resto del mundo.

Prepara tus materiales: la tesela, el rotulador, el lápiz y el difumino. Procura tener también a mano tu botella de agua o lo que creas que vas a necesitar durante ese tiempo, para no tener que levantarte durante el proceso. Si te ayuda a estar más relajado, puedes poner música suavecita.

Con todo dispuesto, comenzamos con los ocho pasos de nuestra ceremonia.

1. **Aprecia** tu papel, el material, su calidad y tacto, y **agradece** este momento que te vas a dedicar a ti, un momento para mirar hacia tu interior y despreocuparte de todo lo demás.

En este primer paso de la ceremonia, a nosotras nos gusta hacer unas respiraciones profundas, tomando aire por la nariz lentamente hasta llenar el abdomen y soltándolo también despacio por la nariz hasta exhalarlo del todo. Con cinco veces que lo repitas será suficiente para estar preparado. En este proceso, también puedes mover el cuello y los hombros para aliviar tensiones en

la zona y así comenzar con una sensación de mayor relajación.

2. Pon un **punto** en cada esquina de tu tesela, trazados
muy ligeramente a lápiz y sin pensar mucho en donde quedan situados. Lo que haya salido estará bien. En la foto
hemos marcado más el lápiz para que lo puedas ver bien,
pero, cuando lo hagas tú, procura que sea sutil. Con que
sepas dónde están los puntos es suficiente.

3. Ahora vamos a crear el **borde** uniendo los puntos, trazando una línea entre un punto y otro que vaya más o menos paralela al borde del papel... o no. Puede ser como tú decidas. Y repito lo mismo que hemos dicho sobre los puntos de las esquinas: hemos marcado más el borde para que lo puedas ver bien en la foto, pero piensa que, cuanto más suave sea, más desapercibido pasará cuando esté tangleado. Así pues, traza el borde suavemente; basta con que puedas intuir por dónde va.

4. Vamos a trazar el **hilo**. Haz un trazo muy fluido y de manera muy aleatoria, que toque de vez en cuando el borde y cree líneas cruzadas para obtener subespacios cerrados dentro de tu borde. En cada uno de esos subespacios es donde vamos a tanglear.

Cuando mires el hilo que acabas de trazar, sus formas aleatorias te traerán a la mente qué tangles encajan en cada espacio y comenzarás a trazar líneas con tu rotulador. Empieza por el primer espacio que te sugiera algo, no tienes que seguir ningún orden.

5. Los **tangles**: déjate llevar por lo primero que te venga a la cabeza, con aceptación y serenidad, y comienza a poner tus trazos de rotulador en el papel. Concéntrate por completo en cada línea, pon todo tu pensamiento en ella y trázala despacio y de forma del todo consciente. Disfruta esa línea de principio a fin.

Cuando hayas acabado esa línea, olvídala y pasa a la siguiente, poniendo de nuevo toda tu atención en la actual. Enfoca la atención únicamente en lo que es «presente», sin engancharte en pensamientos o trazos pasados ni pensar en líneas o ideas futuras. Solo el ahora es importante.

Al principio, si no conoces muchos tangles, tendrás que consultar el paso a paso; te recomendamos que te vayas familiarizando con ellos y sus nombres para que luego te salgan a la primera sin necesidad de mirar sus instrucciones. No hace falta conocer muchos tangles para disfrutar al máximo. Si te aprendes unos cuantos de memoria, serán suficientes para tanglear de manera fluida.

En el siguiente capítulo te enseñamos unos cuantos tangles que a nosotras nos encantan, y ya sabes que puedes encontrar más en las páginas web www.zentangle.com, www.musterquelle.de y www.tanglepatterns.com.

Enseguida encontrarás tus tangles de confort y tu propio estilo para desarrollarlos. Recuerda que no hay una solución única para tanglear, sino que una misma propuesta puede ofrecer muchas posibilidades. Más adelante verás cómo nosotras interpretamos, cada una con su estilo, los mismos tangles en unas teselas que son completamente diferentes e igual de válidas. No te compares con nadie. Tu estilo es tuyo, es único y diferente de todos los demás, y eso es lo que lo hace tan especial.

6. Ahora que has acabado la fase de los tangles, es hora de dejar el rotulador y comenzar a sombrear. Ya te hemos contado que el **sombreado** Zentangle es decorativo y mejora la calidad artística de nuestro trabajo, aportándole volumen y contraste. Puedes decidir no sombrear en absoluto, y es perfectamente válido. La decisión es tuya. Y no hace falta decidir de dónde viene la luz ni dónde proyecta la sombra, como hacemos en el dibujo artístico. Esto es mucho más sencillo.

Si decides sombrear, en cada paso a paso verás la opción de sombreado que nosotras hemos elegido, pero seguro que hay más. Poco a poco, a medida que avances en tu práctica Zentangle encontrarás el estilo de sombreado que más te gusta. Tenemos alumnos que apenas rozan el papel con el grafito y eso ya es suficiente para ellos, y otros que utilizan lápices mucho más intensos que un 2B para intensificar las zonas de sombra. Y todos los resultados son únicos, especiales y maravillosos.

7. Por último, elige una zona de tu papel para poner la **firma** Zentangle, que suele ser un símbolo creado con tus iniciales. Algo pequeño y sencillo, pero que te identifique como el artista que eres. O algo que simplemente te guste. La firma Zentangle no es definitiva y puede variar con el paso del tiempo, así que podrás cambiarla. Llega un momento en el que encuentras una que te encaja y te quedas con ella. Firma siempre tus teselas al acabar. Has desarrollado tu arte en ese trabajo y, como hacen todos los artistas, debes firmarlo. ¡Que el mundo entero sepa que esa obra es tuya!

No tienes que decidir la firma definitiva el primer día, ya llegará el momento. Si aún no lo tienes claro, pon tus iniciales, con eso será suficiente para identificar la obra como tuya.

8. Ya tienes tu pieza Zentangle acabada y en tu mano. **Aprecia** lo que has creado. Esa obra tan hermosa es tuya. Este momento es emocionante. **Agradece** la tranquilidad

y la relajación que has sentido durante el tiempo que has estado tangleando y **valora** el placer que sientes al **contemplar tu obra** acabada.

Aprecia también cómo te sientes después del período de recogimiento que acabas de disfrutar, del paréntesis en el tiempo que te has regalado para adentrarte en tu interior y dejar a un lado todo lo que no fuera cada línea que trazabas. Si en este rato has podido aparcar tus pensamientos recurrentes, tus temores, tus problemas, los agobios diarios con los que todos cargamos, ¿por qué no intentar dedicar unos momentos cada día a la práctica Zentangle como algo habitual?

Observarás que muchas de esas sensaciones acabarán apareciendo en tu día a día, que tus decisiones se verán influenciadas por tu pensamiento Zentangle y que poco a poco todo ello te aportará una sensación de bienestar que irá creciendo lentamente y a la que ya nunca querrás renunciar

Aplicar a tu vida cotidiana el principio de «no hay error», eliminar el juicio interno, descartar la autocrítica, no compararse con otros, esperar menos (o incluso nada en absoluto) de situaciones futuras, tomar decisiones sobre los acontecimientos más inmediatos y no hacer grandes planes a largo plazo, que pueden cambiar de la noche a la mañana y nos demuestran que hemos invertido un tiempo precioso en planear algo que nunca se llevará a cabo, con la consiguiente frustración que eso acarrea... poco a poco te darás cuenta de que, después de esta primera tesela, te esperan muchas más, llenas de momentos placenteros como el que acabas de experimentar. Y con ellas, muchas enseñanzas que irás incorporando a tu vida cotidiana y que la harán más bella, más serena... ¡más vida!

5

Nuestra clasificación de tangles por categorías

Lo primero que queremos transmitirte en este capítulo es que no hace falta que conozcas muchos tangles para que disfrutes de tus sesiones Zentangle o para que puedas crear bellos trabajos.

Si aprendes unos cuantos tangles y los desarrollas a tu modo, es decir, los haces tuyos, y practicas algunas variaciones con ellos, será suficiente para que pases horas y horas de relajada diversión.

Hemos decidido clasificar los tangles según un criterio personal, porque hay muchas formas de agruparlos. Algunos pueden estar incluidos en varias categorías.

Nuestro objetivo es que conozcas unos cuantos y aprendas a combinarlos, mezclarlos y modificarlos a tu estilo. Verás cuánta creación artística se puede desarrollar con tan solo unos pocos.

Cuando quieras aprender más tangles, te recomendamos que eches un vistazo a los que los creadores de Zentangle han ido desarrollando en estos años. Los puedes encontrar en www.zentangle.com.

También puedes hallar mucha inspiración en las otras

dos páginas web que ya hemos mencionado, en las que encontrarás un montón de tangles creados por gente de todo el mundo, www.tanglepatterns.com y www.muster-quelle.de.

Siéntate a tu mesa, pon el rotulador en el papel, respira hondo... y deja que todo fluya.

TANGLES ORGÁNICOS

Los llamamos así porque nos recuerdan ligeramente a elementos que se pueden encontrar en la naturaleza, aunque siempre tenemos en mente que los tangles son abstractos y no representan nada real, lo cual nos ayuda a desarrollarlos como nos apetece, sin ninguna expectativa sobre el resultado y sin juzgar si «están bien o mal».

Hay muchísimos más de los que describimos a continuación, pero con ellos tienes más que suficiente para empezar a crear arte Zentangle.

Te mostramos el paso a paso para que aprendas a hacerlos de una manera muy sencilla. Con la práctica les darás un aire propio y los harás de una manera especial y personal.

1. *Nandini,* creado por Elisabet Hillerud CZT
Trazos: línea curva y punto

Nandini parte de líneas curvas a cuyo extremo añadimos puntos en un desarrollo circular. Al añadir más punteado a la zona inferior conseguimos un efecto de volumen que se acentúa con el sombreado posterior.

Realizar el proceso de punteado lentamente, consciente de dónde sitúas cada punto, pronto te llevará a un estado de alta concentración. Puedes añadir tantas ramas como desees.

1.
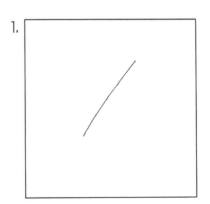

2.
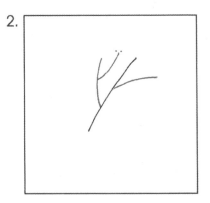

3.
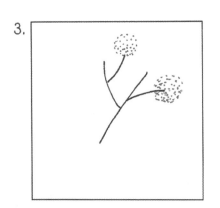

4.
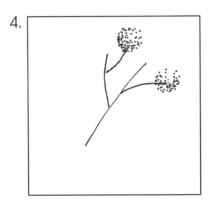

5.
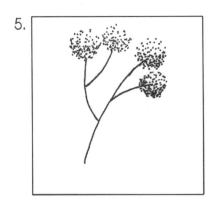

6.
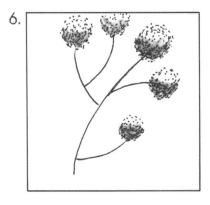

2. *Helter*, creado por Debbie Raaen CZT
Trazos: línea recta y línea curva

Descubrimos Helter hace poco tiempo de la mano de su creadora. Aprender un tangle directamente de su autor es algo especial. Nos cautivó su sencillez y su belleza.

Puedes probarlo con líneas rectas o algo curvadas y, cómo no, combinar ambas tangleaciones.

Este tangle te dará mucho juego en Navidad. Combinado con unos simples orbes que podrás colorear en rojo te servirá para decorar tarjetas, marcapáginas, marcasitios, etcétera.

1.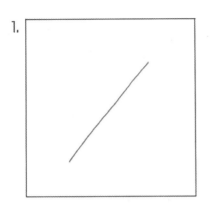

2.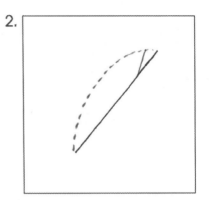

3.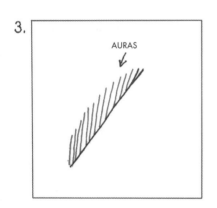

AURAS

4.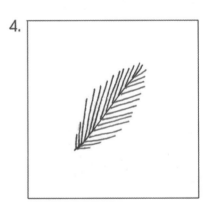

5.

REDEFINE LA LÍNEA CENTRAL

6.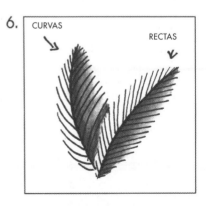

CURVAS

RECTAS

3. *Bi-Leaf*, creado por Lola Sampedro
Trazos: línea curva

Bi-Leaf es un tangle que admite muchas variaciones. Prueba a hacer las formas en distintos tamaños, sueltas o dobles, cruzadas o no... No podría ser más orgánico. Cuando Lola lo presentó en nuestra escuela nos encantó la idea de que se desarrollara solo a un lado. Eso lo hace especial. El ligero toque de sombreado en las puntas le confiere un volumen espectacular. Y la sombra que la figura superior proyecta sobre la que está debajo crea la impresión de que las formas están en varias capas.

Lola Sampedro es alumna de nuestra escuela desde hace mucho tiempo.

1.
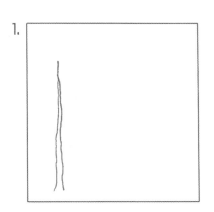

2.
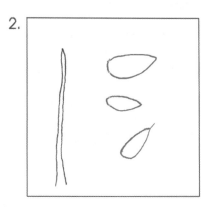

3.
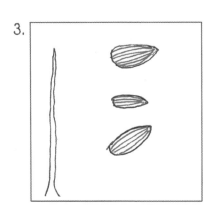

4.
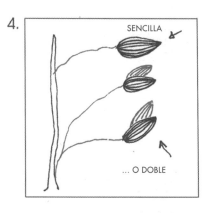

SENCILLA

... O DOBLE

5.
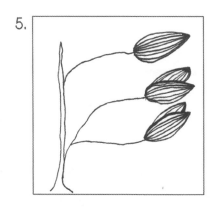

6.
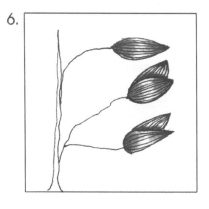

4. *Bamboline*, creado por Patricia Aragón CZT

Trazos: línea curva y línea recta

Bamboline es un tangle recién presentado por su autora. Nos gusta la versatilidad que ofrece al poder crecer recto, curvo o incluso en doble curva.

Puedes hacerlo más ligero o más recargado, eso depende del gusto personal. Aunque es un tangle fundamentalmente orgánico, nos parece que crearía preciosos bordes.

1.

2.
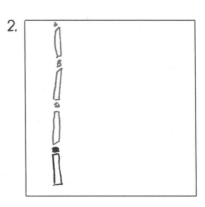

3.
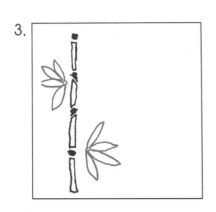

4.
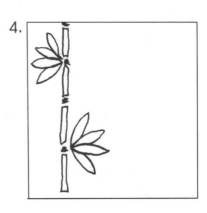

5.

6. VARIACIONES
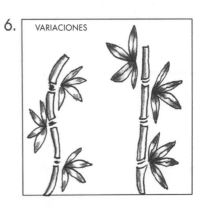

5. *Patakón*, creado por Oswaldo Burbano CZT
Trazos: línea curva y línea recta

Patakón es un tangle puramente orgánico para rellenar espacios amplios en la tesela. Es verlo y transportarnos a un ambiente tropical.

Nuestro compañero Oswaldo es de origen colombiano y su tierra le sale por los poros. Así que su tangle no podía ser de otro modo. Patakón aporta a nuestras composiciones un toque selvático y original.

1.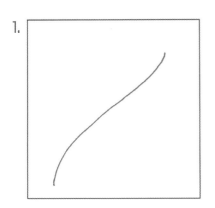

2.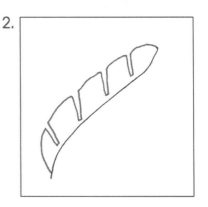

3.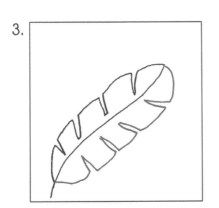

4.

5.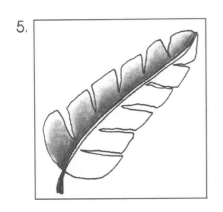

6. LOS VÉRTICES SE PUEDEN REDONDEAR.

6 *Sprigs*, creado por Michele Beauchamp CZT
Trazos: línea curva y línea recta

Sprigs crece a ambos lados de un eje central, por parejas.
Como ves en la deconstrucción, permite jugar con el efecto de superposición de algún elemento sobre otro y, al dejar interrumpida la línea central, simula un toque de brillo muy interesante.

Añade un sombreado suave y difumínalo para reforzar la superposición y el contraste de sombra y luz.

1.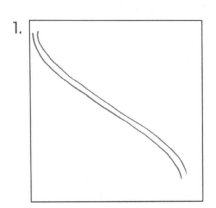

2.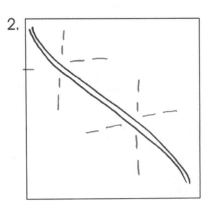

3.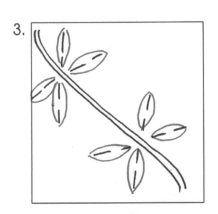

4.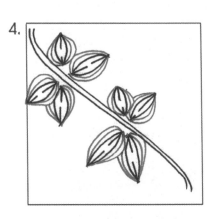

5.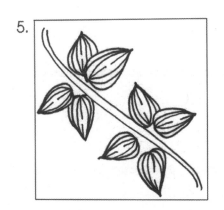

6.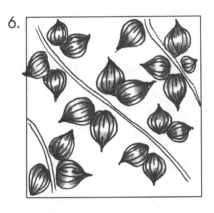

7. *Flux*, creado por Zentangle
Trazos: línea curva y línea doble curva

Puedes hacer crecer Flux en ramilletes y descubrirás lo divertido que es seguir añadiendo un elemento aquí, otro allá... es difícil parar. No lo pienses, trázalos a un lado y a otro sin pensar si toca a la derecha o a la izquierda.

Flux tiene dos posibles desarrollos: al estilo de Rick Roberts, en forma de hoja o lengua, o al estilo de Maria Thomas, en forma de coma gigante. Prueba los dos e incluso mézclalos. El resultado será original y diferente.

1.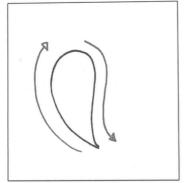

2.

3.

4.

5.

8. *Madroño*, creado por María Tovar CZT
Trazos: orbe, línea recta o curva

Encontré Madroño pintado en el techo de un bar de Madrid, en un tamaño enorme. Así que le hice una foto y en cuanto llegué a casa lo deconstruí. Me gusta su desarrollo radial y me centra mucho trazar sus líneas a golpe seco, es decir, apoyo el rotulador en el borde de un orbe y tiro una línea hacia fuera sin pensar. Así consigo que la línea se marque más al principio del trazo y sea mucho más ligera al final. Puedes intensificar el efecto con un toque de sombra alrededor de los orbes.

1.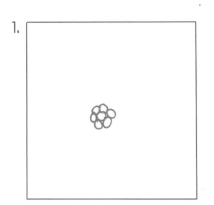

2.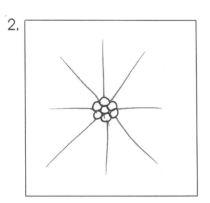

3.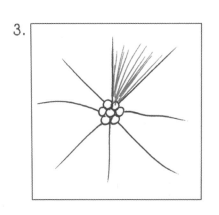

4.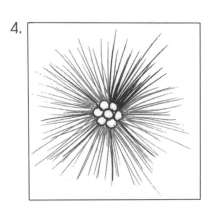

5.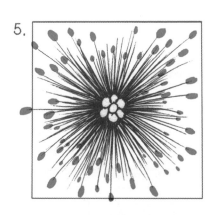

6.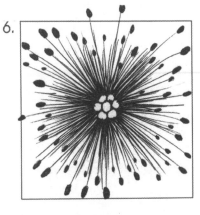

9. *Poke Root* y *Poke Leaf*, creados por Zentangle
Trazos: línea curva y orbe o línea doble curva

Estos dos tangles son muy orgánicos y parten de un mismo trazo para luego desarrollarse cada uno con sus propias características. Los vas a encontrar a montones y siempre quedan bien en cualquier sitio. Poke Root termina en un orbe y Poke Leaf lo hace en líneas dobles curvas enfrentadas.

Puedes hacerlos por separado o juntos. Prueba a ver cómo te gustan más.

1.
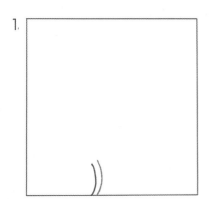

2.
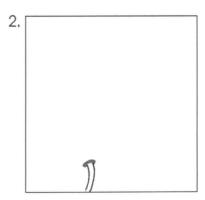

3.
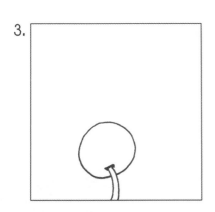

4.
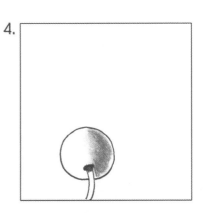

5.
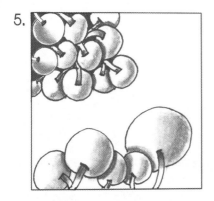

La ventaja del desarrollo de Poke Leaf es que las líneas doble curva nos dan mucho juego para desarrollar este tangle con múltiples formas, corto y regordete, largo estilizado, desigual a izquierda y derecha o cualquier otra que se te ocurra.

1.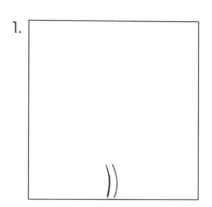

2.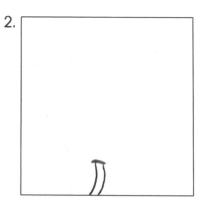

3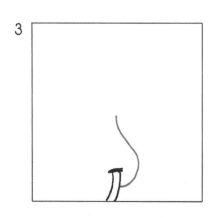

4.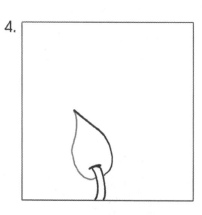

5.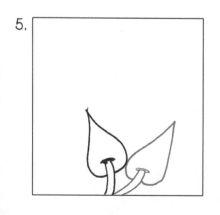

6.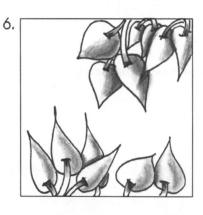

10. *Umbría*, creado por María Tovar CZT
Trazos: línea curva

Umbría surgió de unas conchas que se encuentran en la costa mediterránea llamadas «ojos de santa Lucía». Son planas y muy redondas. En realidad, el tangle es como una pequeña «e» que se cierra sobre sí misma. Le puse el nombre de Umbría en honor a la playa de Punta Umbría, lugar que visito cada año gracias a la generosidad de mi amiga Loreto y que tiene una de las mejores playas del mundo. El mar es una fuente inagotable de inspiración para descubrir tangles.

Puedes dejarlos tal cual o decorarlos a tu manera. A partir de ahora, son tuyos.

1.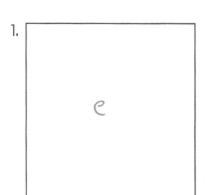

2.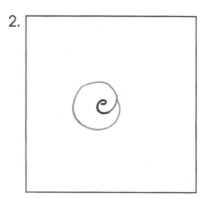

3.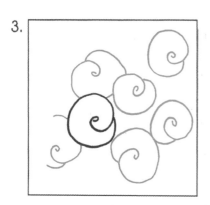

4.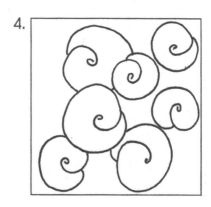

5.

6.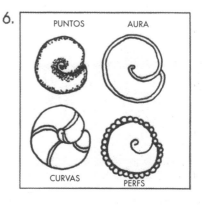

11. *Debod*, creado por María Tovar CZT
Trazos: línea doble curva y punto

Otro de los tangles con dualidad, que puede ser ligero y orgánico a la vez. Se me ocurrió como una extensión del tangle Therefore. Quería crear formas triangulares muy sencillas utilizando solo el punto y, de pronto, en unas ilustraciones de arte egipcio vi unos trazos muy básicos que simulaban racimos de uva colgando de una parra. Así que le añadí las líneas ondulantes y le puse el nombre de Debod para rendir homenaje al origen del tangle y relacionarlo con el bello templo egipcio que disfrutamos en Madrid.

1.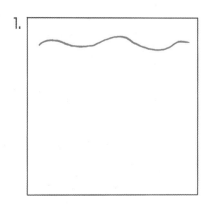

2.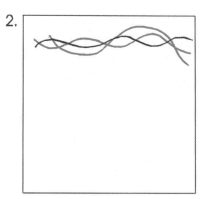

3.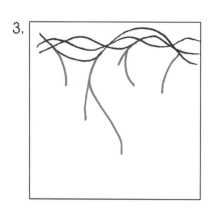

4.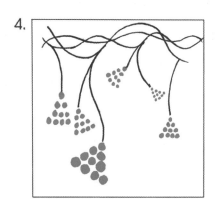

5.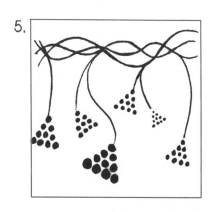

6.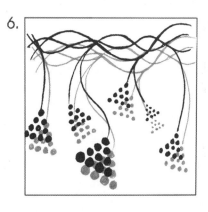

12. *Icantoo*, creado por Hanny Nura CZT
Trazos: línea curva, línea doble curva y punto

Icantoo surgió de una idea de Hanny (fuimos compañeras en el seminario CZT14 impartido en Providence y allí nos conocimos. Hanny habla español y estuvimos practicando).

Ella decidió hacer una deconstrucción simplificada de otro tangle con líneas más sencillas. De ahí surgió Icantoo, un tangle perfecto para cubrir espacios amplios si quieres desarrollarlo en gran tamaño o para aparecer como un sencillo detalle si prefieres desarrollarlo en tamaño pequeño. También puedes variar la curvatura para adaptarlo a un espacio semicircular rodeándolo.

1.
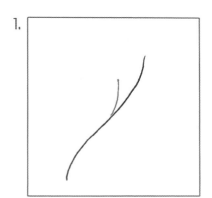

2.
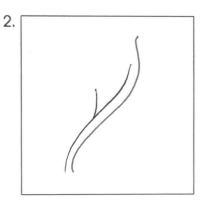

3.
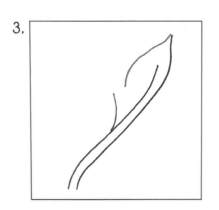

4.
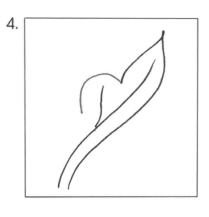

5.

6.
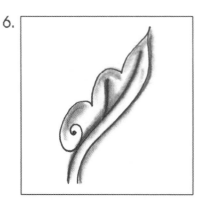

13. *Inapod*, creado por Carole Ohl CZT
Trazos: línea curva y orbe

El desarrollo longitudinal de Inapod nos ofrece la posibilidad de llevarlo por donde queramos a lo largo de nuestro
trabajo. Es un tangle perfecto para separar dos secciones
de nuestra tesela, por ejemplo. Si le añades unas briznas de
Fescu, estas le conferirán un aspecto aún más orgánico e
incluso animado, en nuestra opinión.

Sombrea las uniones de las curvas y los laterales de los
orbes para acentuar su volumen.

1.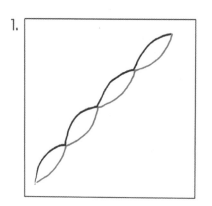

2.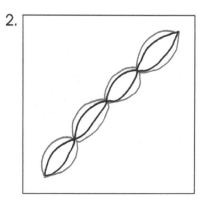

3.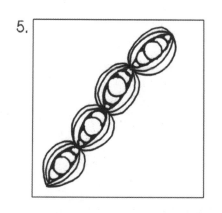

4.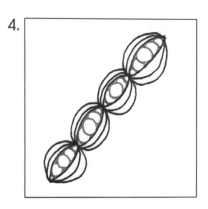

5.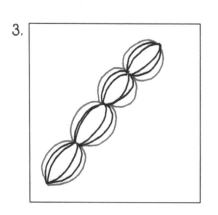

6.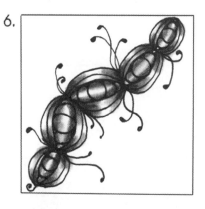

14. *Gingo*, creado por Lisa Chan CZT
Trazos: línea recta y línea curva

Gingo tiene mucha personalidad y a la vez una gran delicadeza. Permite que juguemos con él creando efectos de transparencias si montamos una parte de Gingo sobre otro ya trazado. Y puedes darle un aspecto más ligero o más intenso en función de las líneas interiores que le añadas.

Contrasta zonas de luz y de sombra para crear un atractivo efecto de volumen.

1.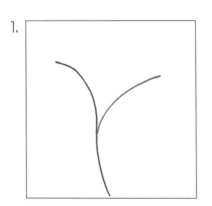

2.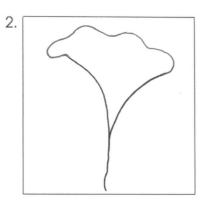

3.

4.

5.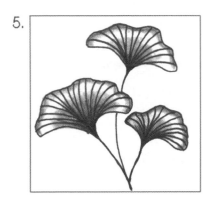

15. *Mooka*, creado por Maria Thomas, Zentangle
Trazos: línea curva

Maria Thomas se inspiró para crear este tangle en los cabellos de las mujeres que dibujaba el pintor checo Alphonse Mucha, pronunciado «Muja»; de ahí que su nombre sea un guiño al apellido del pintor.

Quisiéramos remarcar que Alphonse Mucha es nuestro pintor favorito y nuestro tangle favorito es Mooka. Todo está conectado en el universo.

1.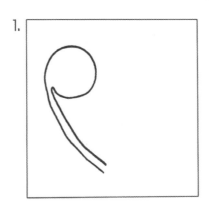

2.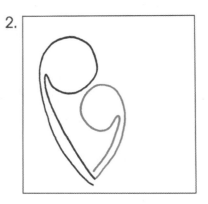

3.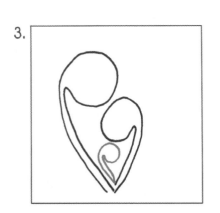

4.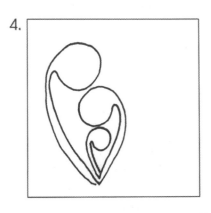

5.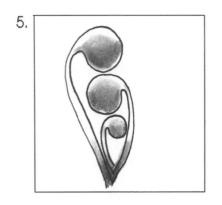

6.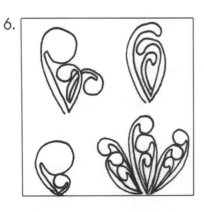

16. *Zinger*, creado por Zentangle
Trazos: línea curva y línea doble curva

Sencillo y versátil, lo más interesante de Zinger es su desarrollo sinuoso: parece algo que se mece con el viento. Deja mucho aire a su alrededor, así que es fantástico para descargar teselas con muchos tangles de líneas rectas, o para crear espacios abiertos. Por este motivo también lo podríamos incluir en el apartado de tangles ligeros. Solemos sombrearlo solo por uno de los lados.

1.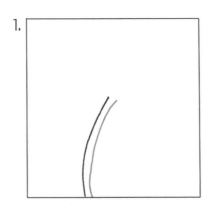

2.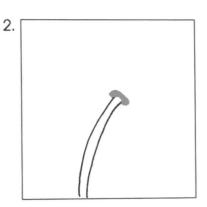

3.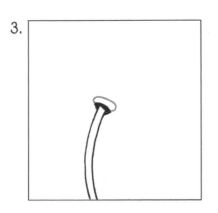

4.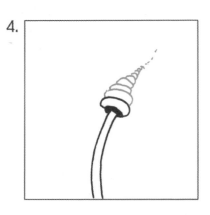

5.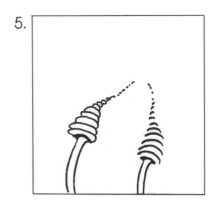

6.

17. *Vera*, creado por Ana Díaz CZT
Trazos: línea curva y orbe

Vera ha sido la última incorporación a nuestro listado de tangles. Lo habíamos visto en un trabajo publicado en las redes sociales y nos encantó, así que pedimos a Ana que nos mandara el paso a paso y el nombre para cerrar la lista. Estamos encantadas de que haya llegado a tiempo para que lo disfrutes con nosotras. Puede considerarse un tangle en sí mismo y a la vez se puede emplear como fragmento circular.

Si al trazar el hilo te queda un espacio más o menos circular, Vera será una elección estupenda. Y dependiendo de la cantidad de tinta que emplees, el resultado será ligero o intenso. Vera es tremendamente versátil.

1.
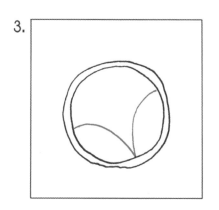

2.
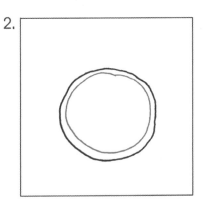

3.
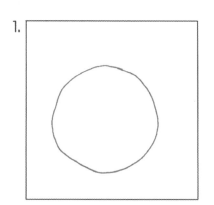

4.
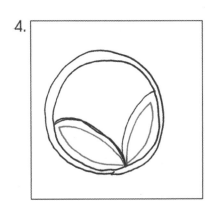

5.
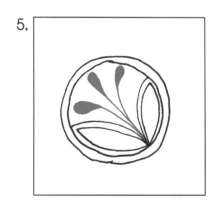

6.

Estos tangles tienen un desarrollo con líneas casi siempre rectas y forman composiciones muy peculiares.

No eran en absoluto nuestros favoritos y nos costaba introducirlos en nuestra práctica Zentangle, pero al tener que hacerlo para enseñarlos en las clases hemos acabado sintiéndonos muy cómodas con ellos y ahora nos encantan. Hemos descubierto que este tipo de tangles son los que permiten una mayor concentración y un estado de atención plena absoluta.

A veces, insistir sobre los tangles que «nos gustan menos» o «se nos dan peor» requiere un mayor grado de concentración para ir realizando cada trazo. Cuando comprobamos que lo hemos hecho y que además nos gusta el resultado, el refuerzo es increíble.

1. *Beeline*, creado por Zentangle
Trazos: línea recta

Beeline es un tangle muy sencillo de desarrollar y que, una vez acabado y sombreado, aparece ante nosotros con un increíble aspecto 3D. Al llevar grandes áreas entintadas, resulta muy intenso y por ello aporta mucho contraste.

Elige una zona para sombrear que sea la misma en todas las figuras formadas para que el volumen salte a la vista.

1.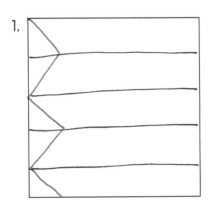

2.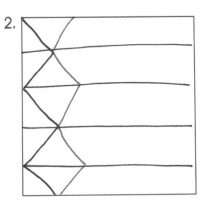

3.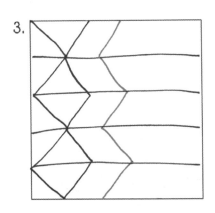

4.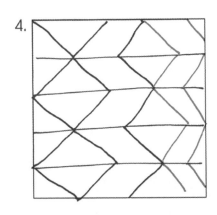

5.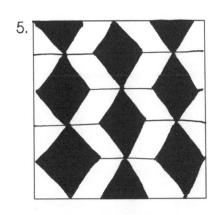

6.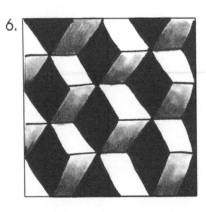

2. *Jackstripes*, creado por Chrissie Frampton CZT
Trazos: línea recta

Jackstripes nos sorprende mucho porque no acaba como empieza... es decir, su resultado final es sorprendente, y su desarrollo exige más atención de lo que parece. Por eso mismo nos encanta y nos ayuda a estar muy concentradas.

Chrissie se inspiró para crear este tangle en un bolso de mano tipo *clutch* que vio en internet. Date cuenta de que, en cuanto empezamos a tanglear, vemos tangles en todas partes.

1.
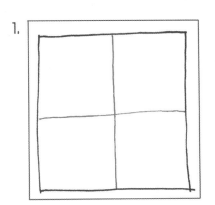

2.
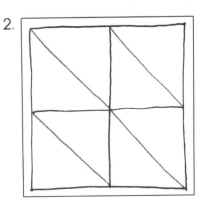

3.
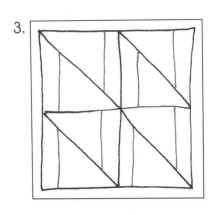

4.
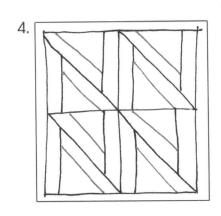

5.
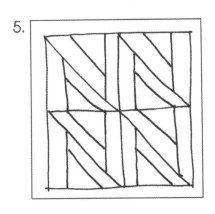

6.
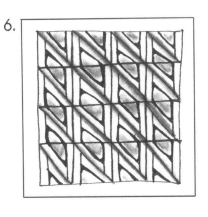

3. *Quare,* creado por Beth Snoderly CZT
Trazos: línea recta... ¡y más o menos recta!

Quare nos sorprende con un asombroso efecto óptico que se acentúa más aún tras el sombreado. Además, consigue crear fácilmente un atractivo aspecto de superposiciones o trabajo en capas.

Con el sombreado en las líneas rectas, parece que haya realmente capas.

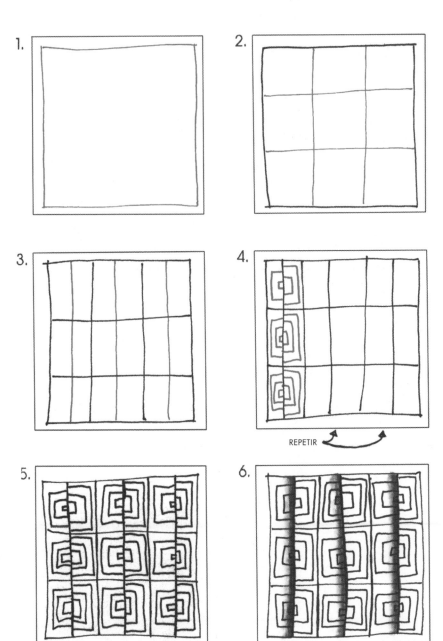

1.

2.

3.

4.

REPETIR

5.

6.

4. *Maryhill*, creado por Betsy Wilson CZT

Trazos: orbe, línea curva y línea recta

Betsy fue compañera mía (de María) en el seminario CZT14, pero no nos llegamos a conocer. Sin embargo, recuerdo que vi su tangle Maryhill en el anverso del medallón con nuestro nombre que todas llevábamos colgado al cuello y que me encantó, Y al cabo de unos meses, encontré por casualidad la deconstrucción de Maryhill en la web Tangle Patterns. Maryhill es un tangle que te hará estar con atención plena en cada línea. Es puro zen. Uniendo los vértices con la sombra aparece una figura preciosa en el centro, pero puedes probar otras maneras de sombrear y el resultado será completamente distinto. Te animamos a probarlo.

1.

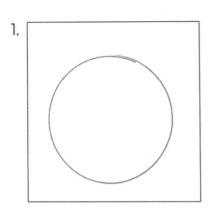

2.

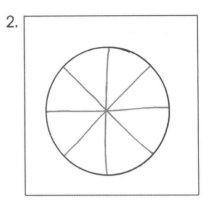

3. AURA AL ARCO Y BAJAMOS
AL VÉRTICE

4. REPETIR HASTA LLENAR
EL ESPACIO

5.

6.

5. *Facets*, creado por Nancy Pinke CZT
Trazos: línea recta

Este tangle aparece ante tus ojos en 3D cuando lo sombreas. Sus líneas, trazadas con calma y plena atención en cada una de ellas, nos hacen llegar a un profundo estado de concentración. Es como hacer gimnasia mental.

Aplicando el sombreado en los puntos donde convergen las líneas creamos un efecto de volumen impresionante.

1.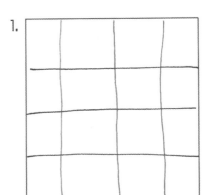

2.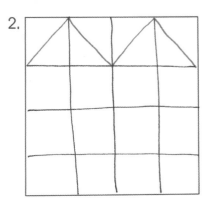

3.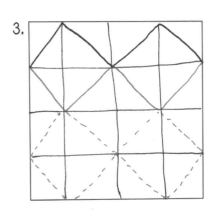

4.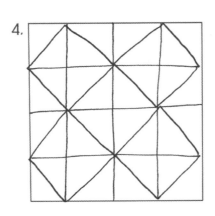

5.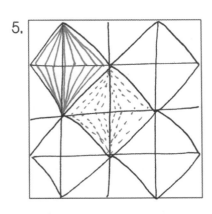

6.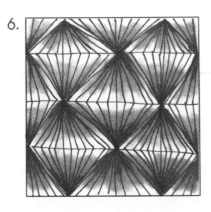

6. *Wanderline*, creado por Tomás Padrós CZT
Trazos: línea recta o líneas rectas y curvas

Wanderline es uno de los tangles más versátiles que conocemos. Nos exige atención y a la vez su desarrollo es
totalmente libre: podemos llevar la línea inicial por donde
queramos, hacer los vértices rectos o curvos, entintar los
espacios cerrados o rellenarlos con otros tangles... Para
nosotras es un descanso mental absoluto. Una vez que «nos
metemos» en él, no encontramos el modo de parar.

1.
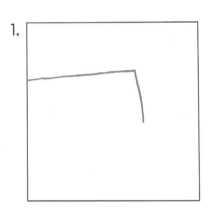

2.
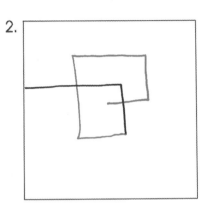

3.
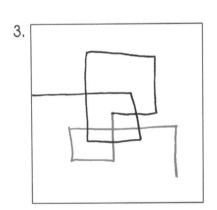

4.
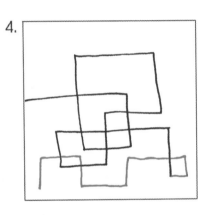

5.
PUEDES SEGUIR
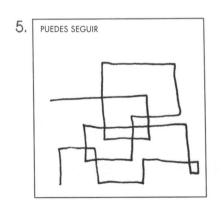

6.
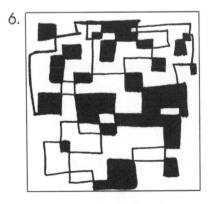

7. *Boulder Builder*, creado por Bunny Wright CZT
Trazos: línea recta y efecto «redondeado»

Con este tangle queremos rendir homenaje a nuestra compañera CZT Bunny, fallecida en 2020. Boulder Builder ofrece un cambio radical desde sus primeros trazos totalmente rectos hasta su aspecto acabado, que ella plasma como un muro de piedras suavizadas por la erosión. Si le añades algún tangle orgánico por entre los huecos, el efecto es asombroso.

Puedes sombrear la misma zona de cada pieza para darle un aspecto de iluminación homogéneo.

1.
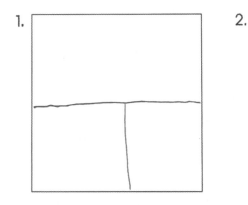

2.
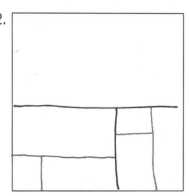

3.
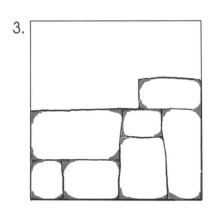

4.
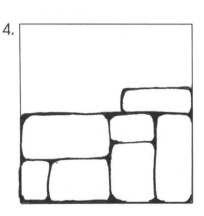

5.

8. *Kangular*, creado por Tomás Padrós CZT

Trazos: línea recta, aunque también admite líneas curvas

Es la última creación de Tomás y tuvimos el honor de que lo «presentara en sociedad» en un taller en línea que organizamos en nuestra escuela El último tangle.

Puedes jugar con él como un fragmento, trabajarlo como un borde, tratar algunas de sus líneas no tan rectas... tiene muchas posibilidades. Según vaya creciendo, tendrá un aspecto u otro. Prueba y diviértete.

Ten cuidado al sombrear. La superficie es muy pequeña, así que, aquí más que nunca, «menos es más». Siempre es mejor ir añadiendo grafito poco a poco que poner de más desde el primer momento.

KANGULAR, TOMÁS PADRÓS CZT

1.
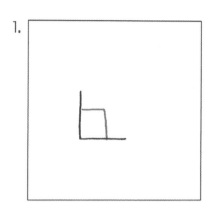

2.
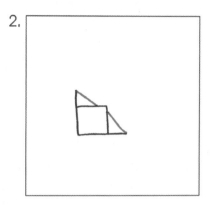

3.
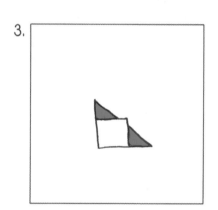

4.
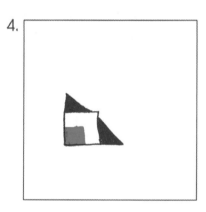

5.
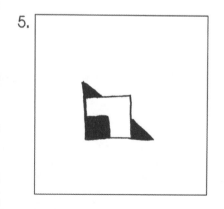

6.
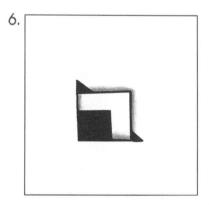

9. *Crisscross*, creado por Patricia Aragón CZT
Trazos: línea recta

Crisscross es un tangle puramente geométrico, creado solo con líneas rectas que van generando la ilusión de un entrelazado entre las diagonales y el cuadrado. Es de los tangles que *a priori* parecen muy difíciles, pero Patricia ha hecho una deconstrucción muy sencilla que nos ayuda a crear esta fantasía sin ninguna dificultad. Tanglear Crisscross es un reto mental de los que dejan buen sabor de boca. Y al sombrearlo te quedas con una sensación aún mejor.

Puedes utilizarlo como fragmento. Juega con las distintas posibilidades de orientación, colocación en espejo, giro de un cuarto de vuelta... ¡lo que se te ocurra!

1.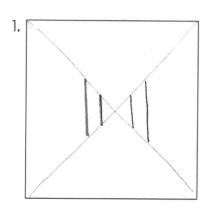

2.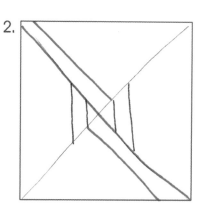

3.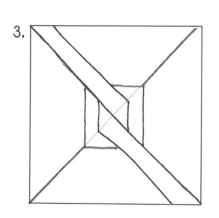

4.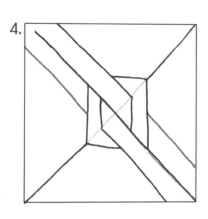

5.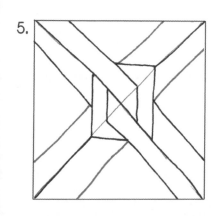

6.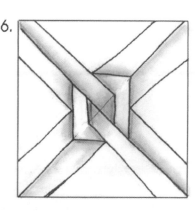

Tangles ligeros

Llamamos tangles ligeros a los que se crean con pocas líneas y trazos sencillos.

Permiten que dejemos algunas zonas de nuestra tesela muy descargadas y equilibran el conjunto cuando hay mucha intensidad alrededor. A veces simplemente queremos dejar mucho «aire» en nuestra creación.

También solemos añadir alguno de ellos cuando nos parece que un tangle necesita ese «algo más». Te darán mucho juego.

1. *Fescu*, creado por Zentangle

Trazos: línea curva, línea doble curva y punto

La base de Fescu es la línea curva o doble curva, que se remata en un punto o en forma de lágrima. Puedes trazar la línea sencilla o un poco más curvada en su extremo. Si combinas diferentes trazados de Fescu, obtendrás unos deliciosos ramilletes muy orgánicos.

Raro es el artista Zentangle que no incorpora Fescu en muchos de sus trabajos, pues aporta movimiento y frescura dondequiera que se coloque. Y siempre queda bien, vaya donde vaya.

Te mostramos dos acabados: en un punto engrosado y en forma de lágrima al hacer una doble curva con una línea curva. A veces aplicamos un sombreado de proyección en Fescu. Consiste en realizar el mismo trazo con el lápiz a una pequeña distancia, como un aura. Y no lo difuminamos.

1.
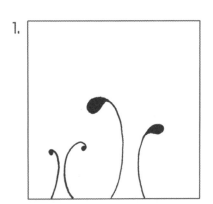

2.
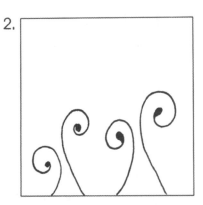

3.

4.

2. *Ahh*, creado por Zentangle
Trazos: línea recta y punto

Sencillo tangle en forma de asterisco con líneas rectas que se cruzan o que se acercan, pero no llegan a tocarse. Si queremos, podemos adornarlo con unos puntos en los extremos de sus líneas o con unos diminutos orbes. No le hace falta nada más.

3. *Caviar*, creado por Lori Howe
Trazos: orbe

Comparte la dualidad ligero-intenso, ya que al estar su interior entintado puede tener mucho peso visual. Si lo añades a tus trabajos como detalles dispersos, casi como una salpicadura, quedará ligero. Pero si lo tangleas como un grupo con todos los elementos unidos, y algunos de gran tamaño, añadirá intensidad al conjunto. Este es uno de los tangles que más utilizamos para rellenar fondos cuando una tesela se ve desvaída.

4. *Raindotty*, creado por Jane Monk CZT
Trazos: punto

Es una simple secuencia circular de pequeños puntos. Magnífico para crear texturas o añadir toques a un fondo que nos resulte un poco soso. Puede tener más o menos peso visual según se trate.

5. *Therefore*, creado por Maria Thomas, Zentangle

Therefore consiste en tres puntitos colocados en triángulo. Era un detalle muy utilizado en fondos de decoraciones de los antiguos manuscritos. Suponemos que de ahí sacaría la idea Maria Thomas.

Es simple y elegante, uno de nuestros favoritos. Los puntos pueden ser más finos o más gruesos y pueden combinarse.

1 y 2: AHH, ZENTANGLE / 3: CAVIAR, LORI HOWE
4: RAINDOTTY, JANE MONK CZT
5: THEREFORE, MARIA THOMAS (ZENTANGLE)

1.

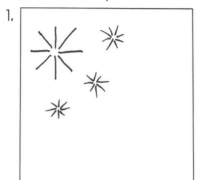

2.

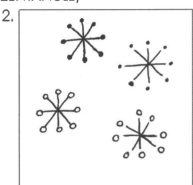

3.

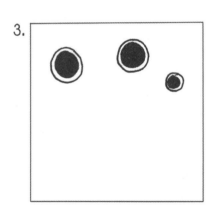

4.

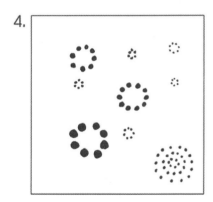

5.

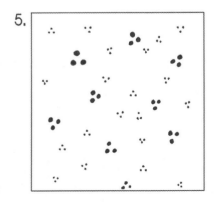

6. *Eke*, creado por Zentangle

Trazos: línea curva

Eke es una línea curva continua que va creando bucles al cruzarse consigo misma gracias a su desarrollo.

Es un ejercicio fantástico para controlar el trazo y conseguir regularidad, si es lo que se pretende.

Lo que seguro que conseguirás es un alto grado de concentración al trazarlo despacio. Tómate tu tiempo.

1.

2.

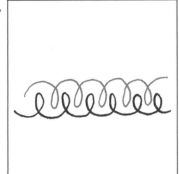

3.

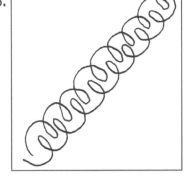

4.

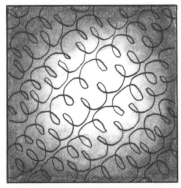

7. *La-La-Lavendel,* creado por Lianne Dam CZT
Trazos: línea curva

Este tangle es pura delicadeza. Un simple eje central con motivos a los lados, por lo general en grupos de dos, da este bello resultado.

La-La-Lavendel es, a la vez que ligero, un tangle eminentemente orgánico, un vivo ejemplo de que un mismo tangle puede agruparse en varias categorías.

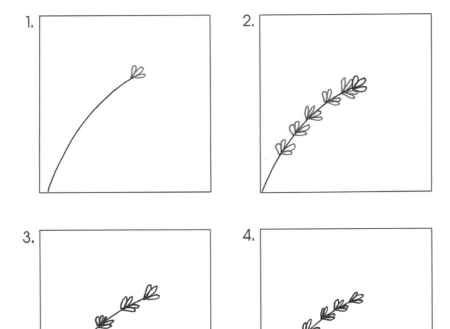

8. *Beadlines*, creado por Margaret Bremner CZT
Trazos: línea curva y punto

Este es un tangle muy abierto, formado por líneas curvas a las que añadimos puntos en grupos de tres.

Nos encanta desarrollarlo en abanico, es decir, de forma radial desde una esquina, y luego añadirle el sombreado de proyección que tanto le favorece. Prueba tú ahora a desarrollarlo de otra manera.

1.
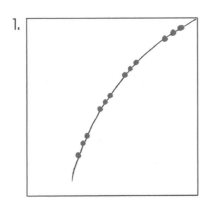

2.
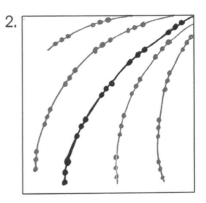

3.
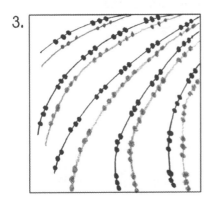

9. *Lichen*, creado por Jennifer Hohensteiner CZT
Trazos: línea recta

Lichen es un tangle que se desarrolla en ramificaciones, así que lo puedes dejar muy ligero o más recargado, según tu propio gusto. Los pequeños triángulos que lleva en los extremos se rellenan de tinta.

Puedes elegir hacerlos más grandes o más pequeños en función de si quieres que el tangle resulte más intenso o que surja sutilmente con un aspecto más discreto.

En este tangle hemos vuelto a realizar un sombreado de proyección. Nos gusta mucho este efecto, como si una luz potente proyectara su sombra sobre una superficie blanca.

1.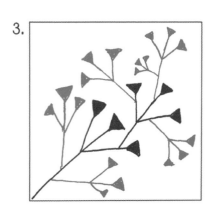

2.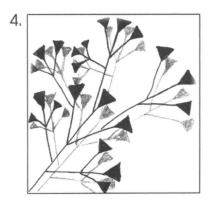

3.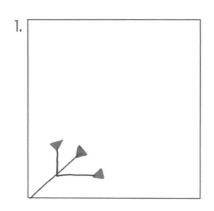

4.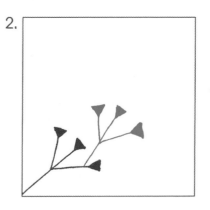

10. *Eze*, creado por Emiko Kaneko CZT
Trazos: línea curva y orbe

Este tangle es a la vez ligero y orgánico. Si lo utilizas como pequeños motivos dispersos, será un adorno ligero ideal para tu tesela. Si lo utilizas desarrollado en ramillete, rellenas de negro los espacios intermedios (llamados «intersticios» en Zentangle) y lo sombreas intensamente, tendrás el efecto contrario: un tangle intenso.

Eze es, en cierto modo, las dos caras de una misma moneda.

1.

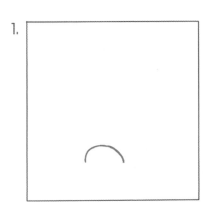

2.

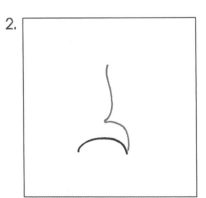

3.

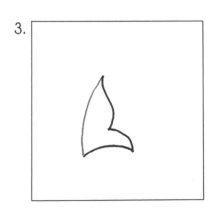

4.

5.

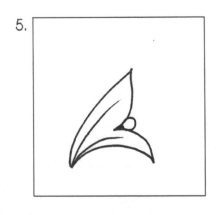

6.

11. *Cattails*, creado por Wendy A. Cerbin
Trazos: línea recta y línea curva

Cattails nos fascinó nada más verlo. Le sucede un poco lo mismo que a Eze: puede ser un detalle para crear aire en una tesela muy cargada si lo tangleamos con moderación, o puede ser un tangle realmente intenso si tangleamos muchos elementos juntos.

Asimismo, podemos darle un acabado más rígido trazando las líneas rectas, o más fluido si utilizamos la línea curva en su eje central.

1.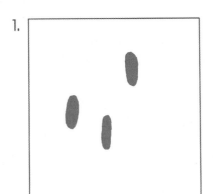

2.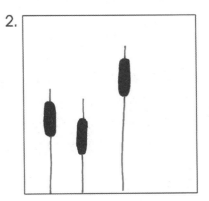

3.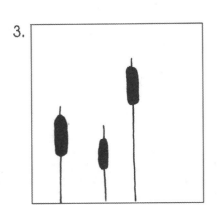

4.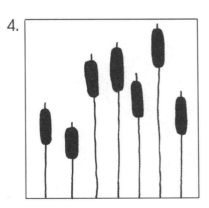

5.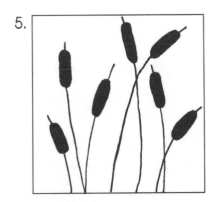

12. *FF (Frozen Falling)*, creado por Cat Kwan CZT

Trazos: línea recta y línea curva

FF es un tangle de desarrollo en ramificaciones, pero, al contrario de otros, se traza desde arriba hacia abajo, lo cual nos ofrece una visión del espacio que va a ocupar muy diferente a la que estamos acostumbradas. Y eso es un reto mental que nos encanta. Los retos siempre nos obligan a concentrarnos más. ¡Acéptalo y atrévete con FF!

1.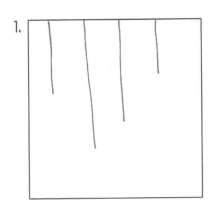

2.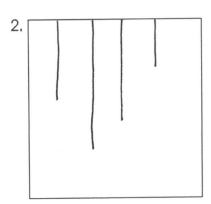

3.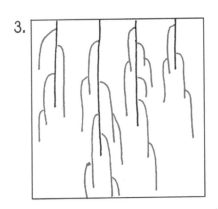

4.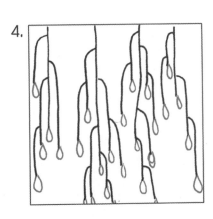

5.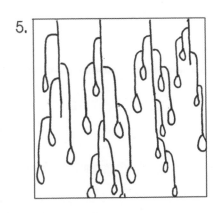

6.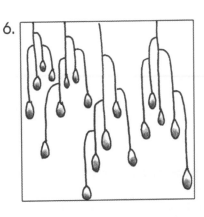

Cuando un tangle lleva mucha tinta en sus trazos, aporta mucha intensidad al conjunto; de ahí que clasifiquemos estos tangles como intensos.

Hay muchos tangles intensos y para trabajarlos te recomendamos que utilices un rotulador de punta 05, 08 o incluso superior para que el relleno de los espacios no te lleve mucho tiempo y se cubra de tinta de manera uniforme.

En algunos casos, te mostraremos los ejemplos como monotangles porque una tesela con varios tangles intensos puede ser abrumadora.

1. *Walk the Line*, creado por Chris Titus CZT
Trazos: línea recta y línea doble curva

Este tangle lleva un borde entintado por completo, por eso lo hemos incluido en esta categoría. Cuanto más ancho sea tu efecto redondeado en el borde, más carga visual tendrá Walk the Line en tu trabajo.

Tuvimos el placer de conocer a Chris Titus en diciembre de 2018. Es alguien especial y una persona muy reconocida en la comunidad Zentangle por su creatividad y su energía siempre positiva.

Te invitamos a visitar su página de Facebook «Square One: Purely Zentangle», en la que plantea un interesante reto semanal para practicar al más puro estilo «vuelta a los orígenes de Zentangle»: tesela blanca, rotulador negro, lápiz y difumino. ¡Y a disfrutar!

1.

2.

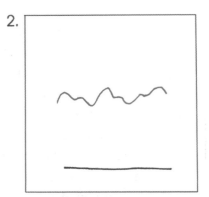

3.

4.

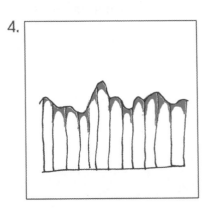

5.

6.

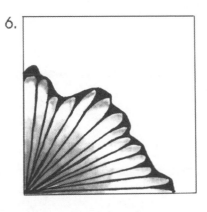

2. *Fungees*, creado por Leslie Crumpler CZT
Trazos: línea curva y línea doble curva

Es uno de los primeros tangles que aprendí (María) y que me gusta practicar para alcanzar un estado de atención plena. Fungees, no sé por qué, me hace estar absolutamente pendiente de cada giro de mi línea. Y eso me aporta mucha calma, además de que el resultado final me gusta muchísimo, por supuesto.

Si vas siguiendo un orden al realizar los trazos, te resultará más fácil de hacer. El fondo entintado y la pequeña dosis de sombra dan la impresión de que unas piezas encajan dentro de las otras.

1.
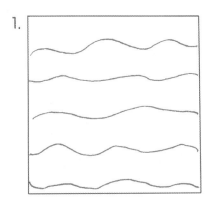

2.
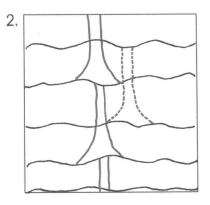

3.
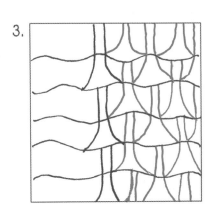

4.
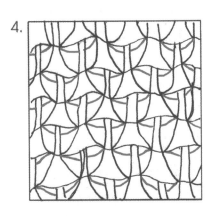

5.
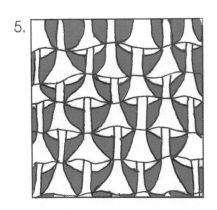

6.

3. *Nooriente*, creado por María Tovar CZT
Trazos: línea curva y línea doble curva

Para crear este tangle me inspiré en el logo de una caja de lápices de Koh i Noor y decidí deconstruirlo. Puedes usarlo como tangle de esquina o como un fragmento y jugar con sus posibilidades en distintas orientaciones.

Como los nombres de mis tangles hacen referencia a mi ciudad, Madrid, decidí llamarlo Oriente por el origen persa de la inspiración y por la plaza de Oriente. Comentándolo en clase, una alumna llamada Suriñe me sugirió que uniera el principio de la palabra «Noor» (significa «luz» en persa) con «Oriente». Y de ahí surgió su nombre definitivo.

1.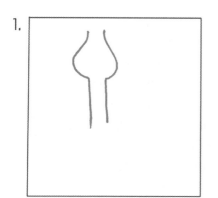

2.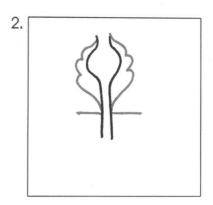

3.

AÑADIR   AÑADIR

4.

5.

6.

4. *Jonqal,* creado por Zentangle
Trazos: línea curva y línea recta

Jonqual es un tangle sencillo pero que exige mucha atención. A veces, lo que parece más simple hace que nos confiemos. Es entonces cuando nos damos cuenta que estamos rellenando algún espacio «que no queríamos rellenar o que no estaba previsto». Nos encanta que nos exija tanta atención porque es lo que nos conducirá a vivir el momento presente, dejando de lado cualquier pensamiento de los que nos rondan habitualmente por la cabeza.

En realidad, este es el motivo fundamental de este libro: acompañarte mientras vives el momento presente, practicando arte Zentangle. A veces, la clave para conseguirlo son los tangles sencillos, pero exigentes como Jonqual.

Observa el cambio de aspecto que se ha producido con el sombreado. Ahora tiene una dimensión más. ¡Ha cobrado vida!

1.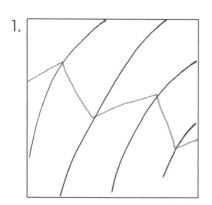

2.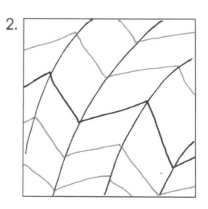

3.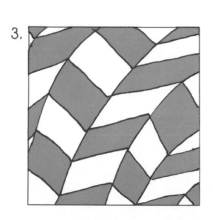

4.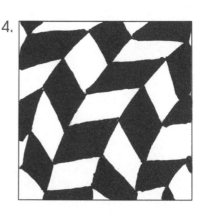

5.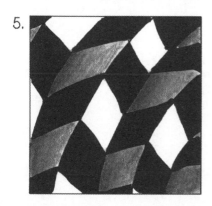

5. *Antidots*, creado por Anita Roby-Lavery CZT
Trazos: línea curva

Nos gusta hacer las tres vueltas de Antidots sin levantar el rotulador del papel. No sabemos cuál es el motivo, pero si se hace de una vez, queda mucho más natural. Se empieza haciendo esos tres trazos de golpe y ya no se puede parar.

Si sombreas los Antidots por los laterales, adquieren volumen de forma inmediata.

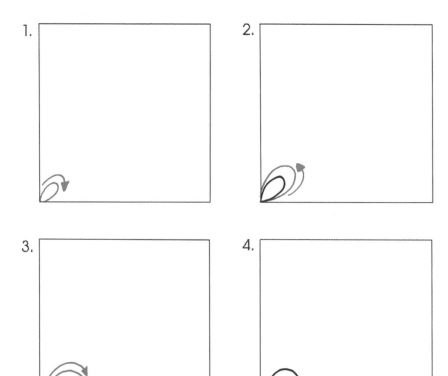

6. *Gnarly*, creado por Barbara Finwall
Trazos: línea curva y línea doble curva

Gnarly es un tangle especial. Va completamente relleno de tinta y te invita a ir creando espacios próximos al trazo principal, buscando una composición armónica. Lo bueno es que en arte Zentangle esa armonía solo te concierne a ti, de modo que solo tú decides dónde añadir el siguiente trazo o cuándo parar porque ya es suficiente.

1.

2.

3.

4.

5.

7. *Fassett*, creado por Lynn Mead CZT
Trazos: línea recta

Como otros tangles, Fassett tiene dos caras: una muy geométrica y otra más propia de un tangle intenso. Y todo dependerá del tamaño de tus triángulos centrales. Cuanto más grandes sean, más entintado quedará el espacio que ocupe Fassett y más intenso será el resultado. Si los triángulos centrales son pequeños, o si decides no entintarlos, será más bien un tangle geométrico. Tú decides.

1.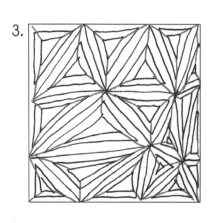

2.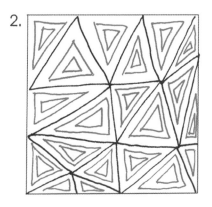

3.

4.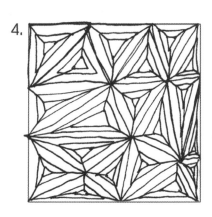

5.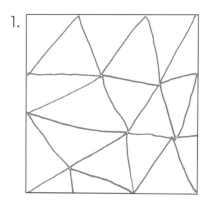

8. B'Twined, creado por Pegi Schargel CZT
Trazos: línea recta y línea curva

Este es uno de los tangles «engañosos». Cuando lo ves terminado te parece dificilísimo, casi imposible. No alcanzas a imaginar cómo se ha conseguido esa complicada superposición. Pero cuando ves el paso a paso descubres que es muy fácil y que tú también puedes.

Aquí aplicamos la técnica de dibujar por detrás al estilo Hollibaugh tan característico de Zentangle. Nunca se cruzan dos superficies, sino que una simula estar por debajo de la otra.

Es la magia del arte Zentangle. Creemos que su autora, Pegi, ha hecho una excelente deconstrucción que nos facilita la labor de trazar este hipnótico tangle.

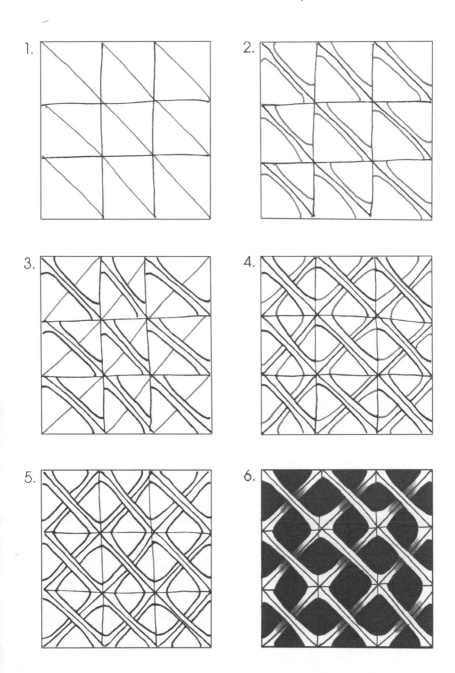

Llamamos tangles de borde a los que siguen un desarrollo longitudinal, es decir, crecen a lo largo de tu tesela. Así pues, cuando al crear tu hilo te quede un área «alargada», sabrás que ahí encajará un tangle de borde. O no, porque ya hemos comentado que en arte Zentangle no hay nada planificado de antemano. Tu mirada y tu gusto personal te irán guiando. Confía en ellos.

Los tangles de borde son perfectos para crear bellos márgenes en otro tipo de trabajos como, por ejemplo, un trabajo de *lettering* o una inicial. También decoran por sí solos un marcapáginas, ya que se adaptan muy bien a su forma alargada.

1. *Oolong,* creado por Jennifer Hohensteiner CZT
Trazos: línea curva, línea doble curva y punto

Oolong también podría agruparse con los tangles orgánicos, como es evidente. Pero su marcado desarrollo longitudinal nos ha decantado por incluirlo en esta. Eso y que
es uno de los tangles que nosotras más utilizamos para
hacer bordes. Oolong es una apuesta segura.

El sombreado también resulta espectacular aquí para
hacer que cobre vida y adquiera una tercera dimensión. Ten
cuidado al aplicar el grafito por lo pequeñitas que son las
superficies para sombrear. Ve añadiendo más poco a poco
si lo consideras preciso.

1.

2.

3.

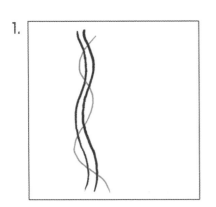

4.

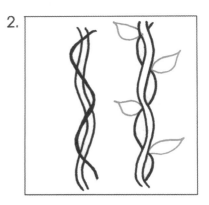

5

2. *Ateneo*, creado por María Tovar CZT
Trazos: línea curva, línea doble curva y línea recta

Encontré Ateneo en un libro de arte sobre Grecia. Me llamó la atención su diseño con formas de «S» trazadas en diagonal y decidí deconstruirlo. El único truco que tiene es «visualizar» la decoración que va entre las formas de «S» también en un desarrollo diagonal. El sombreado a lo largo de los bordes le confiere un aspecto de superficie curva. Me parece que así resulta muy elegante.

Este tangle no lo hemos presentado aún, así que debuta en este libro para todos nuestros lectores. Esperamos que te guste.

1.
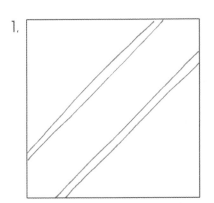

2.
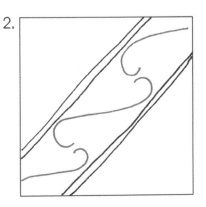

3.
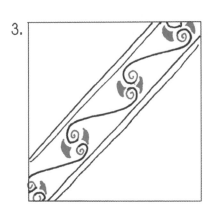

4.

5.

6.

3. *Pip-in*, creado por Anoeska Waardenburg CZT
Trazos: línea recta y línea curva

Pip-in es un tangle entrañable para nosotras. Anoeska le puso el nombre haciendo un juego de «letras» con el segundo nombre de su hijo mayor, Joren (Ppijn). Resulta que Joren, con dos años, seguía en directo las clases en línea que dimos durante el confinamiento por el COVID-19. Era nuestro alumno más joven con diferencia. Después de cada clase, Anoeska nos enviaba las fotos de las teselas de Joren, que eran adorables.

Así que Pip-in no podía faltar en este libro. Por motivos sentimentales y porque, además, nos encanta la composición que resulta si se tanglean dos líneas de Pip-in en la dirección opuesta.

1.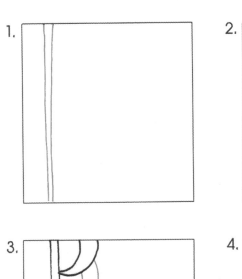

2.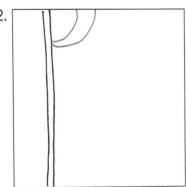

3.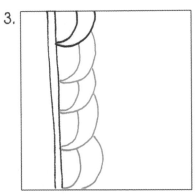

4.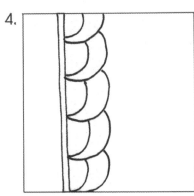

5.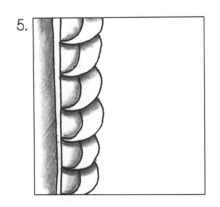

6.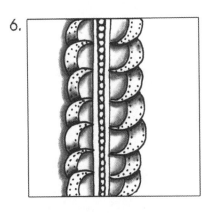

4. *El Prado*, creado por María Tovar CZT
Trazos: línea curva, línea doble curva y orbe

No sé cómo surgió El Prado, no tiene un origen inspirado en nada. Simplemente surgió. Es de esas imágenes que nos vienen a la cabeza y corremos a buscar un lápiz para que no se nos olviden.

No te preocupes si los orbes no son círculos perfectos. Cuando estén sombreados lo parecerán.

Puedes rellenar los orbes, dejarlos en blanco o sombrearlos. Tendrán un aspecto y un peso distinto dentro de la tesela en cada una de las versiones.

Lo que sí recuerdo es que fue mi primer tangle y que lo presenté la primera vez que asistí a los Encuentros Europeos de CZT, que casualmente ese año se celebraron en Competa, Málaga. Le tengo un cariño especial y seguro que mis alumnos ya lo saben por la cantidad de veces que lo utilizo.

1.

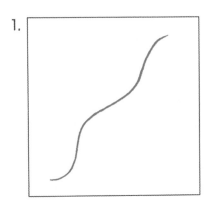

2.

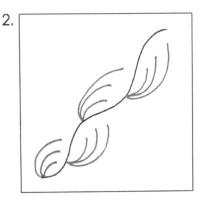

3.

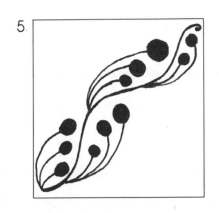

4.

PUEDES RELLENAR
LOS ORBES

O DEJARLOS
EN BLANCO
Y SOMBREARLOS.

5.

6.

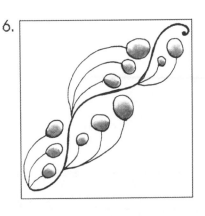

5. *Shim*, creado por BB Tangle Dream CZT
Trazos: línea curva, línea doble curva y punto

BB es una compañera CZT de Corea que diseña unos tangles de borde muy bellos. Uno de ellos, Elegan, llenó las redes hace dos años. Seguimos mucho su trabajo porque siempre nos aporta ideas nuevas.

Shim es uno de sus tangles de borde, en el que predominan las líneas sinuosas de su eje central, que le dan un aspecto serpenteante y muy artístico. Comprueba cómo el sombreado lo cambia completamente. Parece cosa de magia.

1.

2.

3.

4.

5.

6. *Papyrus*, creado por Inge Frasch CZT
Trazos: línea recta y línea curva

No sabemos muy bien en qué se ha inspirado Inge para crear Papyrus, pero nos encantó nada más verlo. De nuevo, estamos ante un tangle que exige concentración y un trazado lento de sus líneas, que es justo lo que nos ayuda a estar con atención plena, atentos a cada trazo que estamos haciendo. Paso a paso.

Además, las posibilidades de interpretar Papyrus son infinitas. ¿Se te ocurre alguna tangleación? ¡Adelante con ella!

1.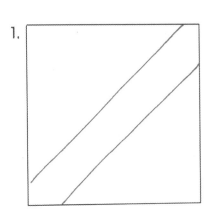

2.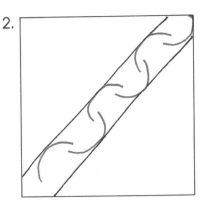

3.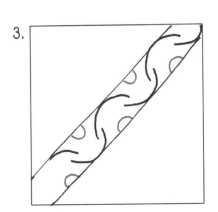

4.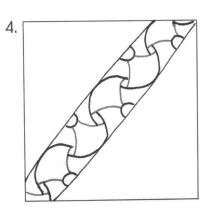

5.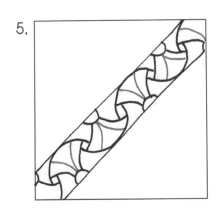

6.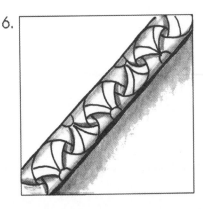

7. *Eofer,* creado por Iris Heidt CZT
Trazos: línea curva y punto

Eofer es el tangle orgánico por excelencia, pero a la vez crea unos bordes que nos parecen divinos. Así que decidimos incluirlo en esta categoría para animarte a utilizarlo como borde.

Es pura elegancia. Es uno de esos tangles en los que cada persona desarrolla las líneas a su propio estilo y no hay dos iguales.

1.
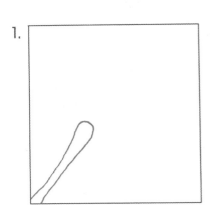

2.
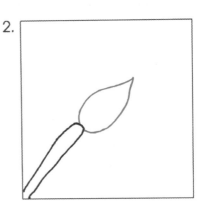

3.
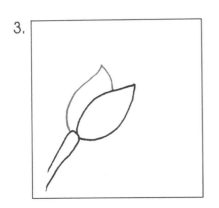

4.
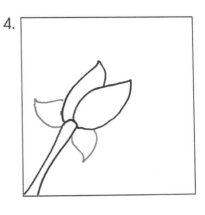

5.
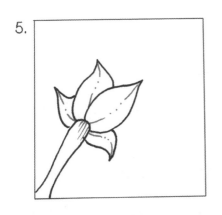

6.

8. *Henna Drum*, creado por Jane MacKluger CZT

Trazos: línea curva, línea doble curva y punto

Este es el tangle favorito de «la Sister» (Mercedes) y también de muchos de nuestros amigos CZT. Es magnífico para casi todo, tanto si se utiliza entero en un margen como si solo se emplea la parte floral como detalle decorativo.

A mí me gusta trazar el borde de los pétalos de forma muy irregular, pero, al igual que Eofer, cada uno lo desarrollará a su manera, totalmente personal y maravillosa.

1.

2.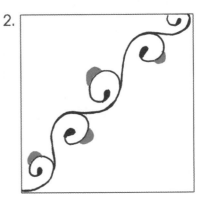

3.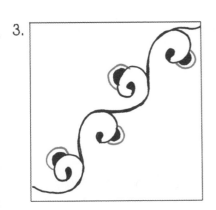

4.

5.

6.

9. *XYP*, creado por Zentangle
Trazos: línea recta, línea curva y orbe

Lo mejor de XYP son sus múltiples tangleaciones. Puede ser un tangle muy sencillo o convertirse en uno muy sofisticado si se le van añadiendo detalles decorativos o efectos de redondeado, auras, líneas de perfs (pequeños orbes situados uno al lado del otro), etc.

Empieza a probar todas sus versiones para saber cuál te gusta más.

1.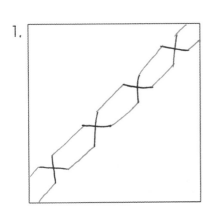

2.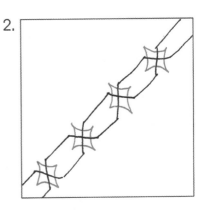

3.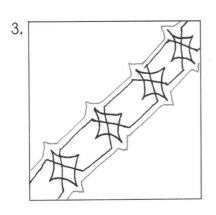

4.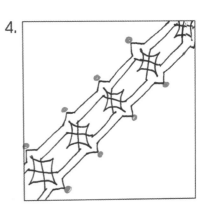

5.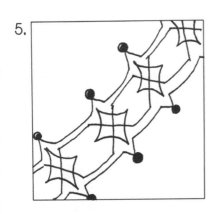

6.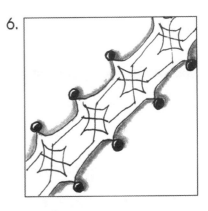

10. *Flowervine*, creado por Susan Pundt CZT
Trazos: línea curva

Con Flowervine fue amor a primera vista. Es uno de esos tangles que parecen difíciles si los vemos acabados, pero que, si seguimos el paso a paso, podemos hacer sin ningún problema. Nosotras lo utilizamos mucho para decorar tarjetas de felicitación, marca sitios para la mesa, tarjetas para los regalos, etc.

Puedes tanglearlo como un borde recto o en una estructura circular que sirva de marco. Te animamos a que experimentes con él.

1.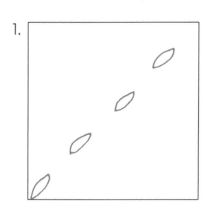

2.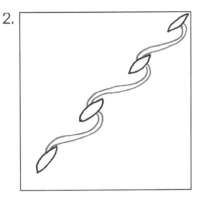

3.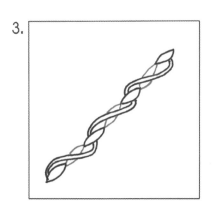

4.

5.

6.

11. *Mintea,* creado por Vandana Krishna CZT
Trazos: línea curva, línea doble curva y punto

Cuenta Vandana que para crear este tangle se inspiró en un diseño que vio en una bolsita de té. Y no nos extraña. A estas alturas, ya sabes que puedes hallar inspiración para crear en cualquier lado, y no solo puedes, sino que la encontrarás. La mente se acostumbra a percibir tangles y los verás por todas partes.

A Mintea le sucede algo parecido a XYP: si empiezas a añadirle detalles decorativos, puedes hacerlo crecer hasta donde tú quieras.

1.

2.

3.

4.

5.
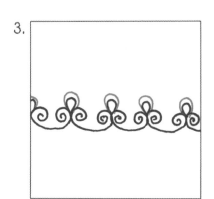

6.

¡Y SE PUEDE HACER DOBLE!

12. *Xms-Hulst*, creado por Arja de Lange CZT
Trazos: línea curva y punto

Arja nos ha ofrecido el tangle ideal para uso navideño por tener cierta similitud con la hoja de acebo. Si lo planteas en el papel como una cadena y rellenas de rojo los pequeños orbes que lo acompañan, es perfecto para esas fechas.

Tanglearlo usando rotuladores de color rojo y verde basta para «vestirlo» de Navidad.

Y durante el resto del año, en blanco y negro resulta simplemente perfecto.

1.
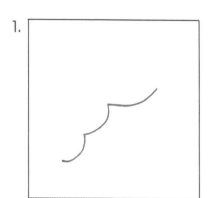

2.
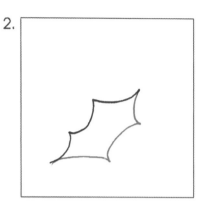

3.
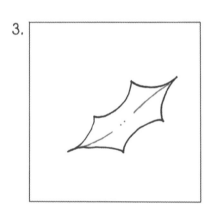

4.
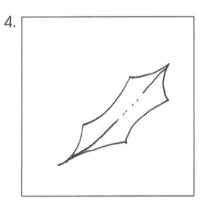

5.
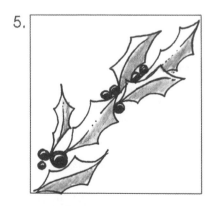

Tangles como elemento único

Los hemos llamado así porque son tangles muy adecuados para tanglearlos solos en una tesela, lo que se conoce como monotangle.

Tienen mucha personalidad y, aunque pueden situarse en un espacio cerrado dentro de un hilo en una tesela, como de verdad lucen en todo su esplendor es en solitario.

1. *Dirdam*, creado por Martina Ramhapp CZT
Trazos: línea curva y línea doble curva

Martina creó este tangle en su viaje de vuelta a casa, después de un encuentro de amigas CZT europeas, organizado por nuestra querida y añorada Caroline MacNamara (D.E.P.). Vinieron a Madrid a conocer nuestro estudio, tanglear juntas durante un larguísimo fin de semana y sobre todo probar las croquetas y la sangría de Madrid. Fueron unos días inolvidables.

Aparte de que el tangle nos encanta y nos trae unos recuerdos maravillosos, Martina tuvo el detalle de ponerle como nombre Dirdam, que es Madrid escrito al revés.

1.

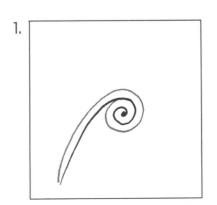

2.

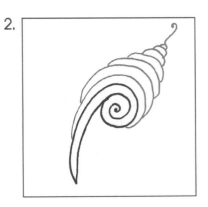

3.

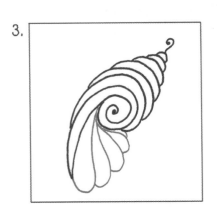

4.

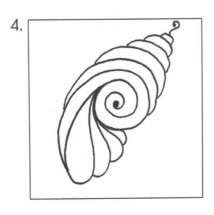

5.

2. *Pilarica,* creado por Yasmina Leiva CZT
Trazos: línea curva

Otro tangle muy entrañable, inspirado en la silueta de
la Pilarica, que es como llaman en Zaragoza a la Virgen
del Pilar, patrona de España. Yasmina, su creadora, vive en
Zaragoza aunque es oriunda de Cantabria, y es natural que
tenga influencias de su tierra de acogida.

Hace un par de años dedicamos en nuestra escuela una
semana a Pilarica, utilizado como monotangle en múltiples variaciones, y resultó un éxito total, con un montón
de creativas propuestas. También recordamos una tesela de
Anica Grabovec, CZT, con Pilarica y un fondo de acuare-
la que era una belleza. Veamos qué se te ocurre a ti con
Pilarica.

1.

2.

3.

4.

5.

3. *Khala*, creado por Anica Gabrovec CZT
Trazos: línea curva y orbe

Hablando de Anica, su tangle Khala es de diseño triangular y encaja a la perfección en una tesela 3Z, las teselas triangulares diseñadas por los creadores de Zentangle.

Aunque también lo hemos visto desarrollado en zendalas (teselas circulares de 11,5 cm de diámetro), a nosotras nos gusta mucho esta forma coqueta de tres lados porque nos mantiene ensimismadas, pendientes de dónde parte la línea y adónde llega. De nuevo atención plena y calma para nuestra mente parlante. Puro zen.

1.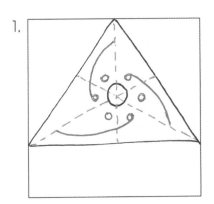

2.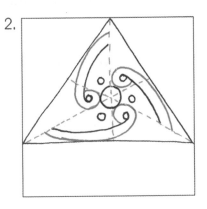

3.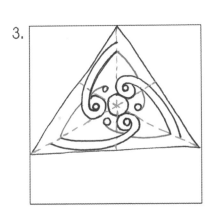

4.

5.

6.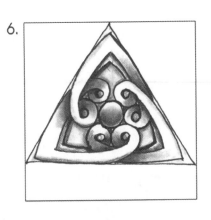

4. *Avos*, creado por Maria Vennekens CZT
Trazos: línea curva y línea doble curva

Avos es un tangle tan bello que nos encanta trabajarlo en solitario, repitiéndolo una y otra vez.

Puedes desarrollarlo longitudinalmente para crear bordes o márgenes. También puedes hacerlo en forma radial, partiendo de un centro, con tamaños variados. Ofrece muchas posibilidades. Dejaremos que tú descubras el resto.

1.
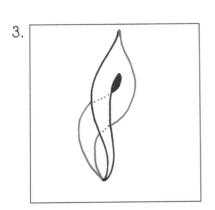

2.
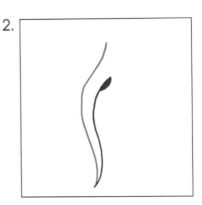

3.
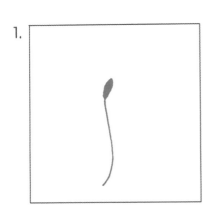

4.

5.

6.
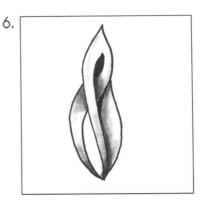

5. *Eme-Cruz,* creado por Yasmina Leiva CZT
Trazos: línea recta y línea curva

Este sorprendente tangle de Yas es un juego de trazos que crean un efecto de líneas envolventes. Este aspecto envolvente se refuerza aún más con el sombreado.

Te animamos a que lo pruebes y lo practiques hasta tanglearlo a tu estilo. Como monotangle, o acompañado de pequeños detalles decorativos o de algún tangle ligero, será todo un éxito.

1.
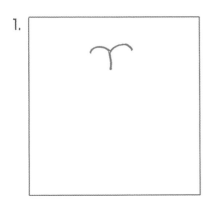

2.
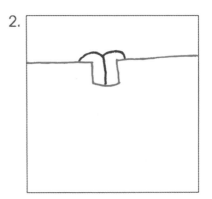

3.
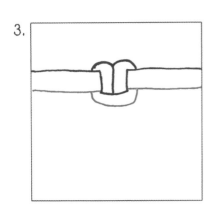

4.

REPETIR EN LOS OTROS
3 LADOS

5.
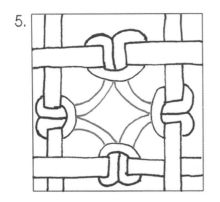

6.
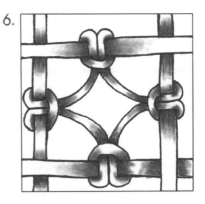

6. *Trelina*, creado por Eni Oken CZT
Trazos: línea curva y orbe

Nos encanta Trelina porque es un tangle que crea un volumen asombroso y, una vez sombreado, parece alzarse del papel. Todo ello se logra con solo trazar un orbe central y líneas curvas cada vez más cortas.

Eni es una célebre creadora de novedosas técnicas y una CZT reconocida, razón por la cual nos encanta incluir un tangle suyo en este libro.

1.
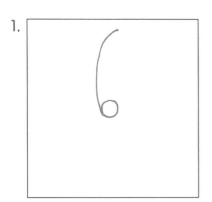

2.
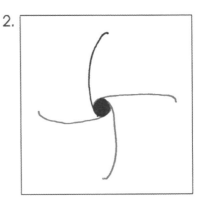

3.
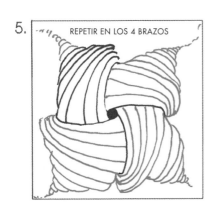

4.
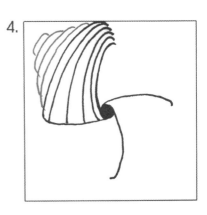

5.
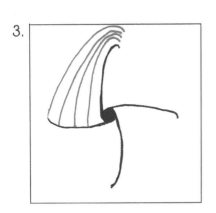

REPETIR EN LOS 4 BRAZOS

6.
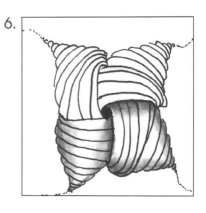

7. C-Knots, creado por Valli Ganti
Trazos: línea curva y línea doble curva

C-Knots es un diseño de nudo que Valli ha deconstruido de forma sencilla para que tanglearlo sea accesible a todos. Utiliza la línea curva en forma de largas «C»; de ahí su nombre.

Te asombrará lo que puedes llegar a crear con este tangle. Observa cómo el sombreado crea dos planos entre las partes del tangle que se sitúan por encima y las que aparecen por debajo.

1.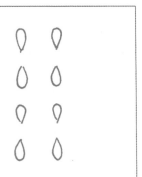

2.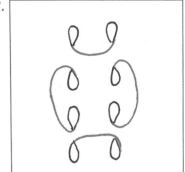

3.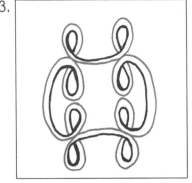

4.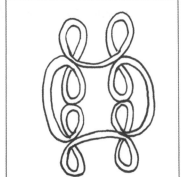

5.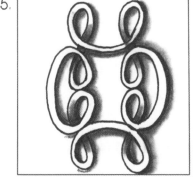

8. *Hamadox*, creado por Diana Schreur CZT
Trazos: línea curva y línea doble curva

Con Hamadox también tuvimos un flechazo. Diana nos ofreció un taller donde utilizó Hamadox en un ejercicio precioso y nos dejó «enamoradas». Su sorprendente aspecto final nunca indicaría que es un tangle fácil de hacer. Nosotras le dedicamos una semana hace poco en nuestros cursos mensuales en línea y lo disfrutamos muchísimo.

Puedes partir de un triángulo, un pentágono, un hexágono, etc. El polígono inicial puede tener tantos lados como desees e ir creciendo hacia fuera y menguando hacia dentro.

El entintado negro de los intersticios y el sombreado acentúan aún más su volumen y sus redondeces.

1.
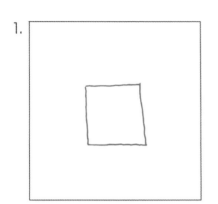

2.
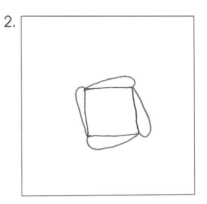

3.
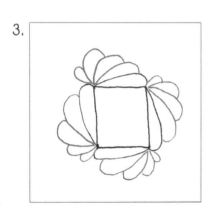

4.

5.

6.
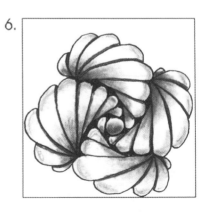

9. *Nayu*, creado por Emiko Kaneko CZT
Trazos: línea curva y orbe

Podríamos decir que Nayu tiene la estructura de un nudo celta sencillo, y el resto de trazos que lo acompañan crean una composición perfecta para tanglearlo como monotangle. Es ideal para un espacio cuadrado, así que, si al trazar tu hilo descubres un espacio así, Nayu encajará perfectamente y aportará mucho contraste con su fondo entintado.

El sombreado le imprime carácter y personalidad. La intensidad que le des dependerá de tu gusto personal.

1.
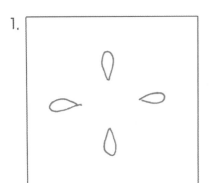

2.
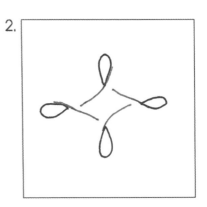

3.
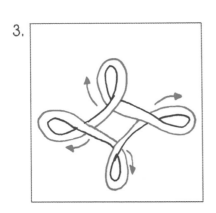

4.

5.

6.

10. *Hirari,* creado por Midori Furuhashi CZT
Trazos: línea curva

Hirari nos parece un tangle apropiado para tanglear en grande. Tiene un aspecto muy floral y una vez sombreado adquiere un volumen espectacular. Nos gusta tanglearlo invertido y unido por un orbe entintado. También nos gusta la versión con el borde superior ondulado, lo que le da un aspecto aún más orgánico.

Si haces una secuencia de varios Hirari seguidos, también podría resultar un precioso borde.

1.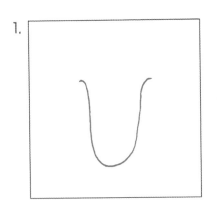

2.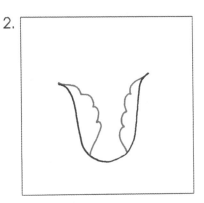

3.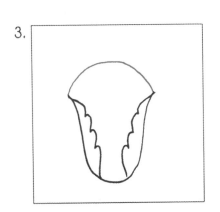

4.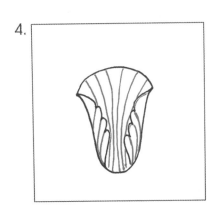

5. PUEDES HACER LA LÍNEA SUPERIOR ONDULADA.

6.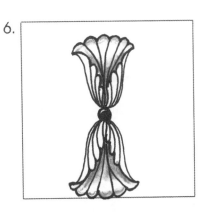

11. *Cross-Brided Ribbons*,
creado por Tomás Padrós CZT
Trazos: línea curva o línea recta, o ambas combinadas

Lo que más nos gusta de este tangle es el impresionante efecto entrelazado que conseguimos una vez que lo sombreamos. Por eso lo tangleamos como un monotangle con las bandas bien anchas. De esa manera podemos acentuar mucho más este efecto.

Su aspecto entrelazado también se realza mucho si decoras las bandas verticales con algún motivo o tangle que te guste y las horizontales con otro diferente. Mantener esa decoración a lo largo de las franjas te llevará a un estado de concentración absoluta.

1.
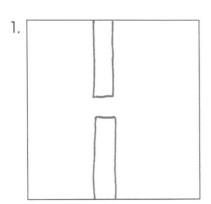

2.
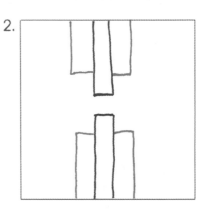

3.
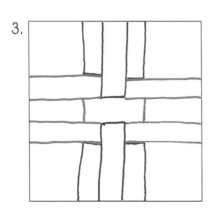

4.
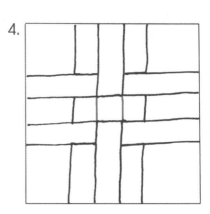

5.
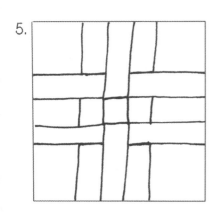

6.
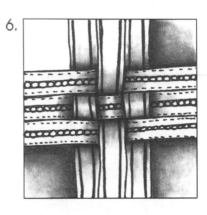

12. *Peineta,* creado por María Tovar CZT
Trazos: línea curva y orbe

Tenemos un cariño especial a Peineta porque es uno de esos tangles que surgen al cometer un supuesto «error». Estaba buscando variaciones del tangle Crescent Moon para una clase en tesela Opus (tamaño 26 × 26 cm) en la que trabajaríamos con la lección de «El hilo de la Alhambra» creada por Marieke Sánchez CZT, y me salió una forma que no se parecía en nada a Crescent Moon.

Decidí seguir ese camino que se acababa de abrir ante mí y comprobar si llegaba a alguna parte. Así surgió Peineta. En las teselas tangleadas del siguiente apartado puedes ver algunas variaciones.

1.
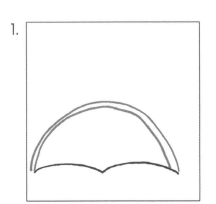

2.
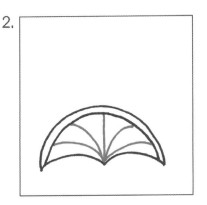

3.
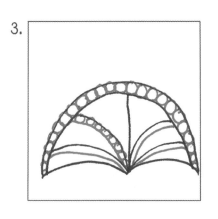

4.
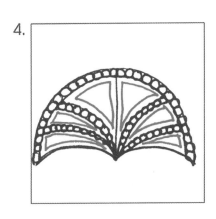

5.
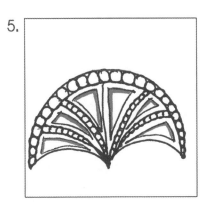

6.

TANGLES DE CUADRÍCULA

Estos tangles parten de unos primeros trazos con líneas rectas o curvas que se cruzan formando lo que llamaríamos una cuadrícula. Esta cuadrícula puede ser regular, es decir, estar formada por líneas paralelas y perpendiculares que mantienen la misma distancia aproximada entre sí, o ser completamente irregular, con líneas que no tienen que ser paralelas entre sí o ni siquiera estar a la misma distancia. La decisión es del artista, en este caso tú.

Creemos que hacer un tangle de varias maneras es un magnífico ejercicio. Te animamos a que busques el desarrollo que más te guste a ti. En esa búsqueda puedes encontrar muchas sorpresas, como, por ejemplo, que un tangle que no te emociona porque siempre lo trazas en cuadrícula regular te llegue a encantar cuando trazas la cuadrícula con las líneas un poco (¡o muy!) curvas.

1. *Flukes,* creado por Zentangle
Trazos: línea recta, línea curva o ambas combinadas

Este tangle cambia mucho dependiendo de cómo se trace la cuadrícula y también de cómo se sombree. Puede aparecer como una sucesión de tejas o de escamas, o como cuadrados doblados por su diagonal.

1.
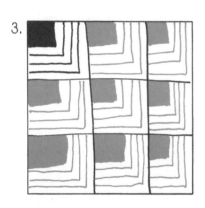

2.
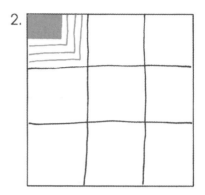

3.
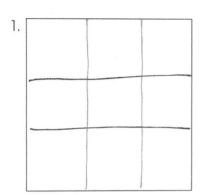

4.
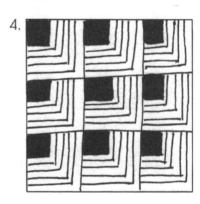

5.
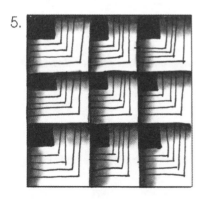

2. *Skwirl,* creado por Annie Taylor CZT
Trazos: línea recta

En Skwirl se da un fenómeno muy curioso. Cuando se tanglea solo se emplean líneas rectas. Sin embargo, al sombrearlo aparecen orbes que se forman al unir las esquinas de los cuadrados en diagonal, aunque no se hayan utilizado líneas curvas al tanglear ni al sombrear. Es lo que llamamos un meta-patrón.

A Annie se le ocurrió esta deconstrucción después de realizar uno de esos test de Facebook en los que te preguntan: «¿Cuántos círculos ves aquí?». Tú no ves ninguno porque solo hay cuadrados, pero, a los pocos segundos, los círculos empiezan a aparecer ante tus ojos como en Skwirl.

1.
2.
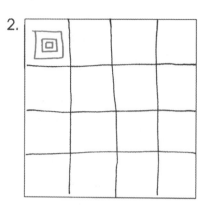

3.
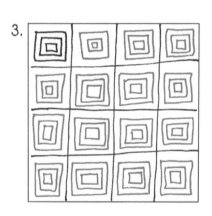

4.

5.
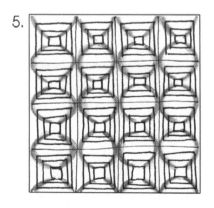

3. *Almudena,* creado por María Tovar CZT
Trazos: línea curva, línea doble curva y orbe

Encontré Almudena en una preciosa puerta de forja de hierro del portal de una casa en el barrio de Salamanca de Madrid.

Suelo ir andando con el «radar puesto» y encuentro muchos patrones en puertas, rejas, balcones, tapas de alcantarillas, etc. ¡Ya sabes que en ocasiones veo tangles!

Vi la puerta, saqué una foto y deconstruí el tangle nada más llegar a casa. El nombre hace honor a la catedral de Madrid, dedicada a la Virgen de la Almudena, cuya imagen se encontró enterrada en la antigua muralla árabe de Madrid.

Por cierto, si alguna vez visitas la catedral de la Almudena, no dejes de fijarte en sus techos, donde verás cientos de preciosos tangles. Será una maravillosa inspiración para ti.

1.
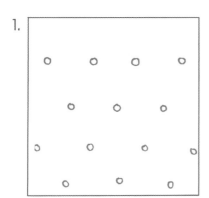

2.
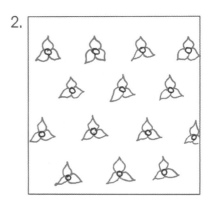

3.
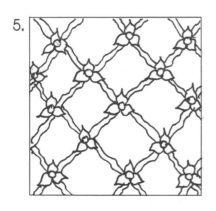

4.
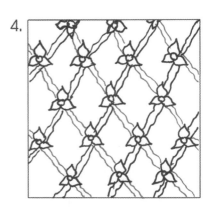

5.
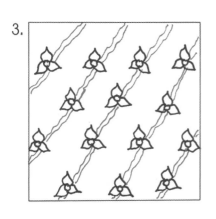

6.
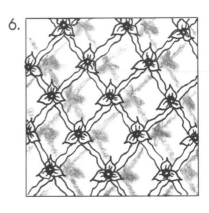

4. *Tour*, creado por Nancy Domnauer CZT
Trazos: línea recta y línea curva

Este tangle es sencillo de trazar y a la vez ofrece muchas opciones decorativas. El origen de su nombre es curioso: Nancy estaba haciendo turismo en París y, mientras consultaba un plano de la ciudad, le llamó la atención el símbolo con el que se señalaba la Torre Eiffel. Y decidió deconstruirlo en una cuadrícula.

Nos encantaría ver qué se te ha ocurrido a ti para decorar Tour en tu tesela.

1.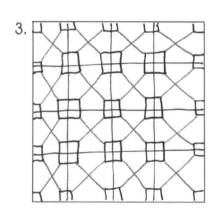

2.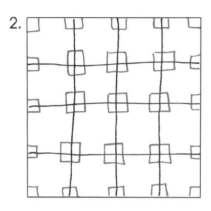

3.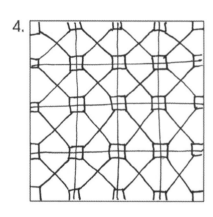

4.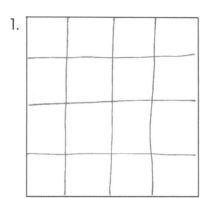

5.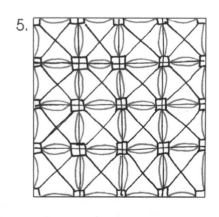

6.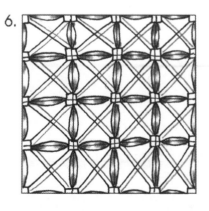

5. *Barquillos,* creado por María Tovar CZT

Trazos: línea recta y línea curva

Decidí deconstruir la idea que me trajo a la cabeza la imagen de una bandeja de barquillos. Un barquillo es una especie de galleta en forma de tubo, típica de Madrid, que se vende en las calles de la parte antigua. Los barquillos de esa bandeja estaban dispuestos con la misma estructura que ves en el tangle. En el ejemplo del paso a paso también te enseñamos su trazado en diagonal. Prueba las dos versiones y ve dónde te llevan.

Me encanta hacer un sombreado intenso para realzar su efecto de capas o de almohadillado, dependiendo de si se sombrea un solo lado de las figuras alternas o el mismo lado en forma de «L» en todas ellas.

¿Qué efecto te gusta más?

1.
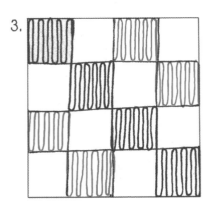

2.
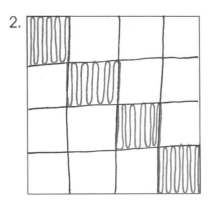

3.
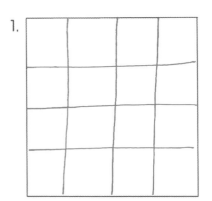

4.

5.
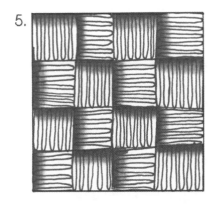

6.
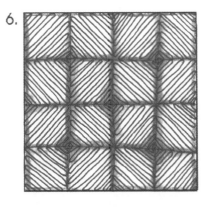

6. *Zonked*, creado por Barbara Finwall
Trazos: línea curva y línea doble curva

Zonked es un tangle de cuadrícula fantástico para practicar auras y el efecto redondeado. En eso exactamente consiste su desarrollo y, si tangleas varios cuadrados juntos, aparecerá un meta-patrón floral.

Observa cómo cambia sombreando de forma intensa las intersecciones.

1.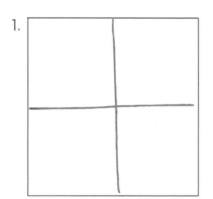

2.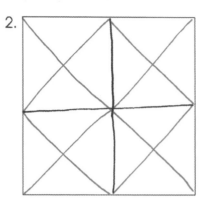

3.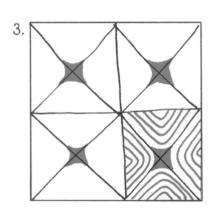

4.

5.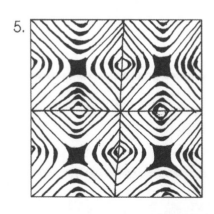

6.

7. *Batch*, creado por Helen Williams
Trazos: línea recta y línea doble curva

Si después de tanglear Batch le añades un sombreado intenso o incluso rellenas de negro sus formas, su rejilla de base desaparecerá por completo y no parecerá en absoluto un tangle de cuadrícula.

También puedes tanglearlo en grande y rellenar después sus huecos con otro tangle.

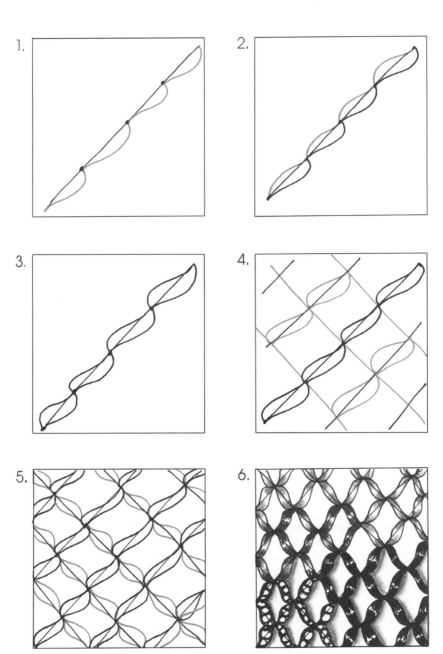

6

Composiciones Zentangle

A continuación, vamos a mostrarte unas cuantas teselas nuestras en las que hemos ido mezclando los tangles de los paso a paso ilustrados en el capítulo anterior. En algunas verás que hemos trazado hilos, en otras, los tangles los han sobrepasado, y en algunas ni siquiera hemos trazado hilos, sino que hemos tangleado toda la tesela hasta sus límites.

Nuestro propósito es que tengas varias muestras de los tangles que te hemos ido proponiendo para que te puedan servir de orientación e inspiración, pero en ningún caso de ejemplo para copiarlos de forma idéntica. Te recomendamos que mires estas muestras después de haber hecho los tangles varias veces y tener ya tu propio estilo. Como ya hemos comentado varias veces a lo largo del libro, en el arte Zentangle no hay errores. Un tangle no está bien o mal, no hay una manera correcta o incorrecta de desarrollarlo, sino varias interpretaciones de un mismo paso a paso. Todas serán preciosas y únicas. Te animamos a encontrar la tuya.

Una tesela se considera terminada cuando así lo decide

su autor. Cada uno de nosotros tiene un criterio y un gusto concreto por los trabajos más complejos o más sencillos. E incluso un mismo autor puede tener un día barroco y otro minimalista. Muchas veces depende del estado de ánimo o de las circunstancias personales que se tengan en el momento de tanglear. Cuando creas que ya has tangleado lo suficiente y te guste el resultado, habrás terminado la tesela.

Seguidamente, te vamos a mostrar dos ejemplos del mismo trabajo en teselas creadas por nosotras, es decir, un mini-mosaico (que es lo que hacemos al final de las clases, cuando juntamos sobre la mesa todas las teselas para formar un mosaico de trabajos similares pero únicos y apreciar los detalles de cada uno por separado y en su conjunto).

Nuestra intención es que veas cómo, con las mismas instrucciones, cada una hace una interpretación distinta. La tuya también lo será, y por eso te insistimos en que te inspires, pero nunca en que copies al pie de la letra... ¡ni al pie del trazo!

Tesela de María

Como puedes apreciar, ambas teníamos el mismo hilo de partida, pero María lo ha respetado y ha incluido más tangles en el resto de las zonas libres.

Tangles utilizados: Barquillos, Nooriente, Cattails, Mintes, Trelina, La-La-Lavendel, Walk the Line.

Tesela de Mercedes

Mercedes no ha respetado en absoluto el hilo (los que la conocen ya saben que es un espíritu libre). Cuando un tangle pide salir, sale, aun a costa de prescindir de otros tangles en la tesela.

Tangles utilizados: Nooriente, Mintea, Barquillos, Cattails.

Tesela de María

María ha tangleado con Eze desde el borde de la tesela hasta el límite del papel. El fondo negro le da muchísima fuerza. Y Batch aparece casi como un monotangle adornado con Therefore. El sombreado de contorno le da un sorprendente aspecto almohadillado, ¿no crees?

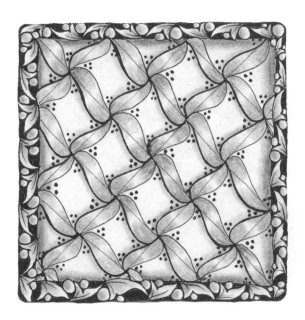

Tesela de Mercedes

Sabía que tenía que hacer una tesela con esos dos tangles aunque podía elegir cómo hacerla. Tracé el borde y un hilo en diagonal, sin embargo mis tangles son casi tan rebeldes como yo y suelen querer escaparse de los límites que les sugiero.

Bueno, como podéis ver, todos los trabajos son similares pero ¡completamente distintos entre sí!

A continuación, te mostraremos varias teselas de cada una, con los tangles utilizados y los correspondientes comentarios.

Mercedes

Tesela n.º 1
Tangles utilizados:
– Oolong de Jennifer Hohensteiner CZT
– Madroño de María Tovar CZT

Comentarios:
Tracé un hilo de dos curvas enfrentadas en el centro de la tesela y en posición diagonal, pero, como ves, ha desaparecido tras los tangles. Primero hice Oolong. Me encanta el estilo orgánico de este tangle que va creciendo. Después añadí Madroño, pero solo a una de las superficies del hilo, y dejé la otra vacía.

A veces me gusta romper la simetría que sale de mi mente cuando llevo puesto el piloto automático. Y el sombreado intenso le hace cobrar vida.

Tesela n.º 2

Tangles utilizados:
- Nooriente de María Tovar CZT
- Mintea de Vandana Krishna CZT
- Barquillos de María Tovar CZT
- Cattails de Wendy A. Cerbin

Comentarios:
Tracé el mismo hilo que María en su tesela número 13, pero a medida que iba tangleando me daba cuenta de que mis tangles necesitaban más espacio, así que ignoré los hilos. Añadir Nooriente en esa esquina me inspiraba como la sensación de un broche sujetando el resto del trabajo.

He adaptado Mintea al espacio y por eso es desigual de un lado a otro. Me gusta hacer las cosas como van surgiendo en mi cabeza. Y Cattails sigue la misma inclinación que Barquillos... Como puedes ver ¡mi pasado de diseñadora gráfica me persigue en muchas ocasiones!

He sombreado intensamente excepto en Cattails, donde, para contrarrestar, he hecho un sombreado de proyección.

Tesela n.º 3

Tangles utilizados:
- Quare de Beth Snoderly
- FF de Cat Kwan CZT
- Bamboline de Patricia Aragón CZT

Comentarios:
En esta ocasión, no he trazado hilo, sino que he empezado a tanglear Quare y luego he dispuesto Bamboline y FF tal y como me parecía que se acomodaban. Esta no es la manera habitual de trabajar, pero quiero que sepas que es una posibilidad más.

Me encanta Quare sombreado. La sensación de capas que se meten unas dentro de otras me resulta alucinante.

Y Bamboline, tan delicado y tan oriental. Me gusta mezclar la versión recta y la curva en la misma tesela para darle un aire aún más orgánico.

Tesela n.º 4
Tangles utilizados:
– Batch de Helen Williams
– Eze de Emiko Kaneko CZT

Comentarios:
Tracé un hilo en diagonal que sobresalía incluso del borde y dispuse cada uno de los tangles en una mitad. Un trazo «inesperado» en Eze ¡que no un error!, me sugirió hacer el fondo en negro, pero rellenar toda la tesela de negro era excesivo así que decidí hacer un negativo positivo que excediera del borde. En el positivo del otro espacio dispuse Batch que también me pedía salir del borde y entintar en negro su fondo. El sombreado del borde por su parte interior sugiere una superficie almohadillada por la que Batch «se escurre». Me parece que esa decisión cambió por completo el resultado de la tesela y ¡me encanta!

Tesela n.º 5
Tangles utilizados:
- Hirari de Midori Furuhashi CZT
- Fungees de Leslie Crumpler CZT
- Helter de Debbie Raaen CZT

Comentarios:
Tracé un hilo que recordaba un poco el símbolo de infinito y por eso enseguida me animé a tanglear dos Hirari contrapuestos. Hirari es un tangle con mucha personalidad, así que había que añadir dos tangles más, pero de una manera que no le quitaran importancia. Decidí intercalar un tangle intenso de trazos pequeños como Fungees con uno orgánico como Helter para dejar espacio libre en el fondo.

El sombreado levanta Hirari y lo pone en primer plano, deja Helter en segundo plano y aleja Fungees hacia el fondo. Estoy contenta con el resultado.

Tesela n.º 6
Tangles utilizados:
– Nayu de Emiko Kaneko CZT

Comentarios:
He creado una tesela monotangle con Nayu. Me encanta este tangle y sus caminos entrecruzados. He decorado las formas curvas alternas con perfs, que son pequeños orbes situados uno al lado del otro.

El sombreado da una sensación de volumen y redondez increíble. Y también creo que el relleno de los intersticios en color negro le confiere mucha más fuerza.

Tesela n.º 7
Tangles utilizados:
- Eofer de Iris Heidt CZT
- Tour de Nancy Domnauer CZT
- Ahh de Zentangle

Comentarios:
El hilo que tracé para esta tesela es muy similar a uno que utilizamos con frecuencia en los talleres de iniciación. Consiste en dos líneas curvas contrapuestas en diagonal por el centro de la tesela. Con ello se crean tres zonas para tanglear.

En el centro metí Eofer, porque me gusta y se utiliza o como tangle orgánico o de borde. En una superficie libre añadí Tour con un sombreado de proyección y en la otra incluí algo muy ligero para contrarrestar, así que puse Ahh en diferentes tamaños. El potente sombreado en el límite inferior de Eofer me sugiere que es este tangle el que sujeta Tour estirado y lo limita.

Ahora prueba tú a mezclar tangles, adaptarlos a los espacios, sombrear diferente... ¡No sabes cuántas posibilidades distintas te están esperando!

Tesela n.º 8
Tangles utilizados:
– Walk the Line de Chris Titus CZT
– Beeline de Zentangle

Comentarios:
En principio, iba a hacer un monotangle de Beeline, pero a medio trabajo cambié de idea y decidí descargarlo con Walk the Line. Como siempre, me gusta el contraste de zonas grandes y pequeñas, con mucho color o casi ninguno. Y luego añadí unos pequeños puntos para decorar y dar personalidad a algunas zonas.

En Beeline, el sombreado es muy importante si se quiere conseguir este efecto de escaleras. Además, añadí algo de luz con un lápiz de pastel de color blanco a fin de dar un aspecto almohadillado a las zonas negras para que resultasen menos «duras».

¿Y si pruebas a redondear las esquinas? En vez de escaleras, tendrás ondas pronunciadas. ¡Atrévete!

Tesela n.º 9

Tangles utilizados:
- Pilarica de Yasmina Leiva CZT
- Ateneo de María Tovar CZT
- Xms-Hulst de Arja de Lange CZT
- Florz de Zentangle
- Therefore de Zentangle

Comentarios:
Me he saltado el borde de nuevo y casi también los hilos. Quise tanglear Pilarica en el centro y necesitaba una base, así que tangleé Ateneo con un sombreado intenso en los bordes para darle aspecto convexo. Xms-Hulst es una ofrenda floral a Pilarica y Florz un fondo infinito adornado por algunos Therefore.

El paso a paso del tangle Florz podéis encontrarlo en las páginas webs que ya os hemos recomendado:
www.tanglepatterns.com o www.musterquelle.de

Supongo que mis creencias religiosas me surgen del subconsciente para ofrecer un escenario perfecto a Pilarica.

Tesela n.º 10
Tangles utilizados:
– Hamadox de Diana Schreur CZT
– Boulder Builder de Bunny Wright CZT
– Sprigs de Michele Beauchamp CZT

Comentarios:
Me encontré con una superficie casi circular en el centro de la tesela y Hamadox me centelleaba en la cabeza. Mi problema con este tangle es que me gusta tanto que me cuesta parar.

En la parte inferior añadí Boulder Builder, que, a pesar de su apariencia absolutamente geométrica, se puede suavizar mucho redondeando sus esquinas y termina pareciendo almohadillado. Para decorarlo añadí Sprigs como si fuera una especie de planta que surgía de entre las rocas, o al menos eso es lo que me gusta pensar al ver el resultado.

Como puedes comprobar, soy muy «dramática» sombreando. Me chiflan los contrastes. Pero aun así te recomiendo ir poco a poco. Prueba a ir añadiendo grafito hasta conseguir el tono que te gusta. Siempre se puede añadir más, pero no quitar el exceso.

María

Tesela n.º 1
Tangles utilizados:
- Icantoo de Hanny Nura CZT
- Flux de Zentangle
- Poke Root de Zentangle
- Cattails de Wendy A. Cerbin
- Sprigs (tangleación) de Michele Beauchamp CZT

Comentarios:
Aquí el protagonismo lo ejerce este hilo en cruz diagonal que he aprovechado para tanglear Icantoo. Y después he rellenado los demás subespacios con otros tangles orgánicos. Tengo debilidad por ellos.

En Cattails he hecho un sombreado de proyección, que le va bien a los tangles orgánicos de elementos sueltos. Prueba a incluirlo en tus trabajos, pero observa que este tipo de sombreado adquiere mucho protagonismo.

Y no hay borde, sino solo las dos líneas a lápiz en el centro, como una «X» a modo de hilo.

Tesela n.º 2

Tangles utilizados:
- Lichen de Jennifer Hohensteiner CZT
- XYP de Zentangle
- Zinger de Zentangle
- La-La-Lavendel de Lianne Dam
- Eke de Zentangle
- Beadlines de Margaret Bremmer CZT
- Caviar de Lori Howe
- Raindotty de Jane Monk CZT
- Fescu de Zentangle

Comentarios:

Como ves, los tangles ligeros dejan espacio libre en la tesela. Es lo que nosotras llamamos «crear aire» para descargar espacios cuando hay mucha intensidad alrededor. De hecho, en esta tesela me han cabido nueve tangles y sigue pareciendo liviana, porque los trazos de los tangles son finos y dejan aire a su alrededor.

No obstante, podría ir añadiendo decoración accesoria y estos tangles dejarían por completo de ser ligeros. Ahí reside la versatilidad que nos ofrece Zentangle.

Tesela n.º 3

Tangles utilizados:
– Henna Drum de Jane MacKluger CZT
– Mooka de Zentangle

Comentarios:
He creado un borde con Henna Drum, que es uno de mis favoritos para márgenes y para decorar marcapáginas. Y, como ya aporta mucha intensidad a la tesela, pensé que lo acompañaría bien un centro ligero con Mooka. Los diminutos orbes crean un fondo bello y descargado, al que he aplicado un sombreado de proyección.

Tesela n.º 4

Tangles utilizados:
- Oolong de Jennifer Hohensteiner CZT
- Poke Leaf de Zentangle
- Gingo de Lisa Chang CZT
- Zinger de Zentangle
- Inapod de Carole Ohl CZT

Comentarios:

En este ejercicio incluí los ocho pasos de la ceremonia Zentangle, es decir, comencé con los cuatro puntos, borde e hilo aleatorio. He dejado que Gingo invadiera uno de los subespacios contiguos porque lo estaba pidiendo a gritos.

Con la práctica aprenderás a soltarte y dejar que los tangles invadan el borde, sobrepasen el hilo y se desarrollen en otras áreas. ¿Y por qué no habría de ser así? Al fin y al cabo, ya hemos comentado que algunos tangles tienen vida propia.

Hay un subespacio con una forma muy alargada que sugiere rápidamente un tangle de borde, en este caso Oolong.

Tesela n.º 5
Tangles utilizados:
– Batch de Helen Williams en tesela Bijou (la tesela Bijou mide 5 × 5 cm y es perfecta para desarrollar monotangles).

Comentarios:
Desarrollé Batch como un monotangle porque quiero mostrarte lo que ya hemos comentado sobre la versatilidad de los tangles en función de la decoración que les apliquemos, de cómo desarrollemos sus líneas, etc.

Si le añades unos trazos con tinta a golpe seco, se convertirá en un tangle intenso, pero si lo sombreas a lápiz tendrá un aspecto muy ligero.

Tesela n. ° 6
Tangles utilizados:
– Shim de BB Tangle Dream CZT
– Skwirl de Annie Taylor CZT
– Fescu de Zentangle

Comentarios:
Shim ocupó la diagonal de esta tesela sin esperar a los pasos previos de los cuatro puntos, borde e hilo. ¡Estaba impaciente! Por tanto, después de acabar Shim, pasé a la fase del lápiz. Las formas tan curvas y ondulantes de Shim me pedían un contraste con líneas más rectas y una organización en cuadrícula, y Skwirl parecía el compañero adecuado.

Y en las esquinas que quedaban visibles aparecieron estos diminutos Fescus, como si estuvieran recién plantados.

Tesela n.º 7
Tangles utilizados:
– Wanderline de Chris Titus CZT
– Eke de Zentangle
– Almudena de María Tovar CZT
– Gnarly de Barbara Finwall

Comentarios:
El hilo que surgió en esta tesela me fue desvelando los tangles poco a poco. Dos zonas largas muy irregulares que ocuparon Wanderline, con vértices suavizados, y Eke, que fue creciendo de menos a más. El espacio grande para Almudena, que quedaba muy ligero, me sugirió completar el cuarteto con Gnarly para buscar el contraste del claroscuro que siempre resulta interesante.

Tangles utilizados:
– FF de Cat Kwan CZT, Avos de Maria Vennekens CZT,
Jackstripes de Chrissie Frampton CZT,
Umbría de María Tovar CZT, Flukes de Zentangle,
Jonqual de Zentangle, Nandini de Elisabet Hillerud CZT,
Ahh de Zentangle y Trelina de Eni Oken CZT

Comentarios:
De nuevo un hilo con muchos subespacios. Y otra vez hay
nueve tangles en el papel sin que ninguno parezca asfixia-
do por otro. Empecé con FF, pues era un espacio adecuado
para él. Y los demás fueron surgiendo alrededor del borde
hasta que hubo un espacio vacío en el centro. Nandini siempre queda bien; es ligero y orgánico, y sus ramas pueden
llevarse de manera consciente hasta donde se quiera. Es un
tangle ideal para espacios irregulares.

En Jonqual he tangleado bandas, sin entintar de negro
los espacios alternos, para descargar el ambiente. Flukes
aporta mucha carga de oscuridad, y me divierte tanglear
Jonqual sustituyendo las zonas negras por otras soluciones.

Tesela n. ° 9
Tangles utilizados:
- Batch de Helen Williams
- Eze de Emiko Kaneko CZT
- Therefore de Maria Thomas

Comentarios:
Primero trazamos los cuatro puntos y el borde. Antes de continuar con la ceremonia de los ocho pasos, tangleé Eze en el borde y para contrastar con sus pequeños elementos surgió la idea de un tangle de cuadrícula en grande, Batch. Para decorar los espacios vacíos del interior de los cuadrados, un tangle ligero como Therefore, una apuesta segura. Y una vez acabado y sombreado todo, el borde con Eze me sugirió un fondo entintado para darle más relevancia.

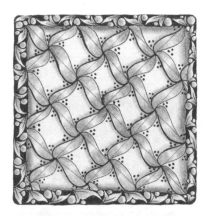

Tesela n.º 10

Tangles utilizados:
- Trelina de Eni Oken CZT
- Nandini de Elisabet Hillerud CZT
- Papyrus de Inge Frasch CZT
- Raindotty de Jane Monk CZT
- Antidots de Anita Roby-Lavery CZT

Comentarios:
Los subespacios muy irregulares invitan a empezar por las zonas más grandes para después ir dando paso al resto de los tangles. En este caso, Papyrus y Trelina han sido los que han iniciado el baile. En los dos espacios más pequeños, unos Raindotty que se escapan de su borde a lápiz, porque para eso se hace a lápiz, y unos diminutos Antidots para añadir un poco de intensidad con su entintado interior. Hay un espacio rectangular a la derecha en el que ha florecido Nandini.

Tangles utilizados:
– Khala de Anica Gabrovec CZT

Comentarios:
Khala y la tesela 3Z (triangular) forman la pareja perfecta. Este tangle tiene mucha personalidad y me encanta como monotangle. Me ayuda a enfocar la atención en cada trazo, por su desarrollo como nudo celta, que crea unos interesantes efectos de superposición. Y como fondo he trazado unas líneas a golpe seco (*hatchings* en inglés) que resaltan bastante su contorno.

Te invito a que pruebes Khala y le des tu toque personal.

Tesela n.º 12
Tangles utilizados:
- Dirdam de Martina Ramhapp CZT
- Fescu de Zentangle
- Ahh de Zentangle

Comentarios:
Me ha divertido mucho crear esta tesela con Dirdam, en la que un elemento grande en tinta se ve rodeado de otros pequeños a lápiz ligeramente difuminados. Esta técnica se llama Ramhapp y ha sido creada por la misma autora del tangle.

Lo he decorado con un aura irregular en sus líneas y con unos Fescu con puntos en disminución, todo ello en su interior.

Alrededor, unos destellos con Ahh refuerzan la sensación de superposición sobre los Dirdam a lápiz y parecen estrellas que flotan sobre ellos.

Tesela n.º 13

Tangles utilizados:
– Nooriente de María Tovar CZT, Cattails de Wendy A.
Cerbin, Barquillos de María Tovar CZT, Mintea de Van-
dana Krishna CZT, Walk the Line de Chris Titus CZT,
La-La-Lavendel de Lianne Dam y Trelina de Eni Onken CZT

Comentarios:
De nuevo un hilo muy aleatorio nos ofrece subespacios diversos. Es lo que en Zentangle llamamos «la elegancia de los
límites», la oportunidad que se nos abre con un hilo trazado
de forma aleatoria.

En una esquina me decanté por Walk the Line desarrollado en abanico y La-La-Lavendel en sentido inverso. Al
lado hay un espacio oval e intenté tanglear Trelina con otro
aspecto, no tan cuadrado. Un espacio largo es ideal para un
tangle de borde, y ahí tangleé Mintea, que acabó escondido
debajo de Barquillos. Había un espacio ovalado y alarga-
do que ocupé con Cattails, y quedó un rincón ideal para
Nooriente, que puede tratarse como tangle de esquina.

Tesela n.º 14
Tangles utilizados:
- Patakón de Oswaldo Burbano CZT
- Pip-in de Anoeska Waardenburg CZT
- El Prado de María Tovar CZT
- Zonked de Barbara Finwall

Comentarios:
Esta tesela ha sido muy curiosa en su planteamiento, porque, al ver el espacio largo, ancho y ovalado, enseguida me vino a la mente Patakón, el tangle de Oswaldo, que es muy orgánico. A su izquierda, otro espacio parecido que decidí reservar para Pip-in, que me gusta desarrollar en doble recorrido invertido y necesita un espacio amplio. Un tercer espacio mucho más pequeño lo ocupa El Prado, en este caso con sus orbes entintados, al igual que lo está su eje ondulado central.

Como equilibrio a tanta curva, en el resto de la tesela he tangleado Zonked, pero rebajando mucho la intensidad de sus líneas, casi como una insinuación.

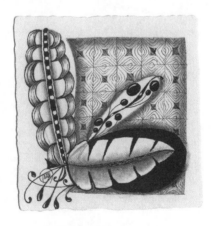

Tesela n.º 15
Tangles utilizados:
– Maryhill de Betsy Wilson CZT en tesela Bijou

Comentarios:
Maryhill es un tangle que me encanta desarrollar como monotangle. A veces también lo combino con el tangle Paradox (podéis consultar el paso a paso en las páginas www.zentangle.com, www.tanglepatterns.com o www.musterquelle.de), alternando los triángulos. En este caso, elegí una tesela Bijou y le añadí un guiño en una esquina simulando un papel que se despega de la base y se enrolla.

Tesela n.º 16
Tangles utilizados:
– Flowervine de Susan Pundt CZT
– Madroño de María Tovar CZT

Comentarios:
Flowervine es uno de mis tangles favoritos para hacer márgenes. Lo he tangleado durante años. Me gusta utilizarlo en Navidad en tonos rojos y verdes, para las felicitaciones.

En esta tesela ha salido como si fuera un marco para Madroño, que ha querido dejar escapar algunos de sus trazos, para que quede constancia de que los tangles orgánicos florecen por donde quieren.

Tesela n.º 17
Tangles utilizados:
- Cross Brided Ribbons de Tomás Padrós CZT
- Eofer de Iris Heidt CZT
- XYP de Zentangle

Comentarios:
Los tangles de Tomás Padrós siempre me exigen la máxima atención. En esta tesela decidí que lo ideal sería tanglear las bandas un poco más anchas y utilizarlas como espacio para alojar otros tangles de borde, en este caso Eofer y XYP. Lo mejor de esta composición llega cuando se sombrea y se observa cómo se potencia el efecto entrelazado de las cintas.

Me encanta tanglear en el reverso de las teselas. Es un ejercicio extra de abstracción olvidarse de las letras impresas y tanglear igual que si la tesela estuviera en blanco.

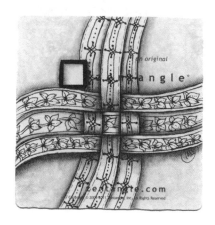

Tesela n.º 18
Tangles utilizados:
– Vera de Ana Díaz CZT en tesela Bijou

Comentarios:
Vera ha sido la última incorporación a nuestro listado de tangles. Por eso esta tesela (al igual que la de Peineta) es como un estudio de posibles tangleaciones donde juego con los distintos elementos, el fondo, el sombreado, etc.

Cuando me topo con un tangle nuevo, le doy unas vueltas a ver qué sale. Y a Vera todavía le quedan unas cuantas.

Tesela n.º 19
Tangles utilizados:
– Eme-Cruz de Yasmina Leiva CZT
– Therefore de Zentangle

Comentarios:
Suelo tanglear Eme-Cruz en grande y en muchas ocasiones incluyo otros tangles en sus huecos. Esta vez he querido dejarlo solo para mostrarte un sombreado de proyección que le va como anillo al dedo. Y luego, para darle un poco de refuerzo a la proyección, he tangleado a modo de salpicaduras unos cuantos Therefore, que quedan bien en cualquier parte.

Tesela n.º 20

Tangles utilizados:
– Facets de Nancy Pinke CZT en tesela Bijou

Comentarios:
Una tesela monotangle que muestra Facets en solitario. Es un puro ejercicio de distribución de líneas, de los que me gusta hacer cuando necesito relajación mental de manera rápida, sin complicarme mucho la vida.

Tesela n.º 21
Tangles utilizados:
– Kangular de Tomás Padrós CZT
– Umbría de María Tovar CZT

Comentarios:
Desde que Tomás hizo la presentación de Kangular en nuestra escuela en línea El último tangle, no hemos parado de trastear con él. Tiene muchas tangleaciones, entre ellas una muy orgánica que Tomás ha bautizado como Blooming Kangular. Pero a mí particularmente me encanta su desarrollo de combinaciones de fragmentos.

Por eso lo tangleé aquí con esta distribución que deja un hueco central en forma de cruz. Alrededor quise tanglear Umbría de forma aleatoria y a distinto tamaño. Y finalmente decidí que también se asomarían por el hueco central.

Tesela n.º 22

Tangles utilizados:
- C-Knots de Valli Ganti
- Knightsbridge de Zentangle (puedes ver el paso a paso en www.zentangle.com, www.tanglepatterns.com o www.musterquelle.com)
- Debod de María Tovar CZT en tesela Bijou

Comentarios:
Típico desarrollo de nudo celta este de C-Knots, que nos deja un pequeño espacio en su interior para añadir algún tangle que nos guste. He elegido Knightsbridge de Zentangle por su diseño en damero. Y a ambos lados, un borde orgánico con Debod, como si estuvieran mecidos por el viento.

Tesela n.º 23

Tangles utilizados:
- Helter de Debbie Raaen CZT
- Bi-Leaf de Lola Sampedro
- Tour de Nancy Domnauer CZT
- Barquillos de María Tovar CZT
- Antidots de Anita Roby-Lavery CZT
- Fassett de Lynn Mead CZT
- Papyrus de Inge Frasch CZT

Comentarios:
Otro hilo que nos va indicando espacio a espacio qué debemos incorporar en el siguiente hueco vacío. No sabría explicarte cómo sucede, pero el hecho es que sucede. Ves un hilo ya establecido en la tesela y comienzas con el primer tangle que te viene a la cabeza, en este caso Bi-Leaf. Y a su izquierda, Fassett, para contrastar con el espacio tan abierto del tangle orgánico. Y así vas añadiendo líneas y, cuando pasas al siguiente subespacio, es como si el trazado del hilo te hablara, como si te fuera indicando qué hay que hacer.

Tesela n.º 24
Tangles utilizados:
– Pilarica de Yasmina Leiva CZT

Comentarios:
Un desarrollo radial siempre va bien con tangles de elementos alargados, como en este caso. Puedes utilizar Pilarica como un elemento suelto, formar pequeños grupos o hacer un monotangle como este con una distribución radial o en estrella. Después le añadí unos orbes que parecen encaminados hacia las cuatro esquinas y un borde de elementos sencillos, que decidí rellenar de negro en el último momento para dar más protagonismo a Pilarica.

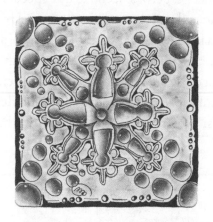

Tesela n.º 25
Tangles utilizados:
– B'Twined de Pegi Schargel CZT en tesela Bijou

Comentarios:
Me encanta tanglear B'Twined así, en pequeño, concentrándome mucho en cada una de sus líneas. Una vez entintados los espacios correspondientes, me gusta pasar a la fase de sombreado y comenzar a potenciar su efecto de «dibujado por detrás».

Tesela n.º 26
Tangles utilizados:
– Flukes de Zentangle en tesela Bijou

Comentarios:
En esta ocasión, Flukes aparece como monotangle en una cuadrícula regular, con las líneas rectas paralelas y perpendiculares. Sin embargo, suelo hacer la cuadrícula con líneas dobles curvas y con distintos intervalos de separación, de modo que al trazar auras a los cuadrados tengo que seguir las caprichosas líneas que forman sus esquinas.

Te animo a que lo pruebes. Te divertirás.

Tangles utilizados:
– Peineta de María Tovar CZT y sus tangleaciones

Comentarios:
Sucede lo mismo que en el caso de Vera. Peineta es de reciente creación, así que nos pilla en fase de experimentar con sus posibilidades. Estas son las que se me han ocurrido a mí hasta el momento. Me encantaría ver cuántas se te ocurren a ti.

Hay que «trastear», como dice Begoña Basagoiti (una de nuestras alumnas-amigas, que lleva mucho tiempo en nuestras clases), y probar distintas decoraciones, diferentes trazos en un tangle, para sacarle todo su potencial y sobre todo para hacerlo tuyo. Descubre de qué manera te gusta más tanglearlo y disfruta cada trazo al máximo.

Tesela n.º 28
Tangles utilizados:
- Crisscross de Patricia Aragón CZT

Comentarios:
Otra de las últimas incorporaciones en este libro, creado hace poco por Patricia, Crisscross es un fragmento en base cuadrada que nos ofrece la posibilidad de jugar con él variando su orientación. Y eso es lo que he hecho en esta tesela. En realidad, he dividido el espacio en cuatro partes con dos líneas trazadas a lápiz y he repetido Crisscross girándolo un cuarto de vuelta. Al sombrear y rellenar el fondo de negro, las líneas a lápiz que pudieran quedar a la vista han desaparecido por completo.

Conclusión

Esperamos que este libro os acompañe durante muchas horas de vuestro recorrido Zentangle. Deseamos que os haga disfrutar, que os estimule a hacer las cosas de forma distinta y a experimentar con ellas, que os inspire para explorar distintos modos de crear; pero sobre todo que os sitúe en el **aquí** y en el **ahora**.

Vivir el momento, trazo a trazo.

Zentangle emociona e inspira en el proceso, eres la co-creadora de tu propia tesela de vida. Cada trazo es único y necesario para que la obra avance. Lo bello y sanador de su práctica reside en la frase: todo está bien así, como es y se presenta, aunque en ese instante no lo comprendamos; el corazón es el guía y acompañante de tu mano, de tu trazo. La autenticidad de ser tú y dar espacio a tu alma es lo que dota de sentido a la creación junto con la gratitud de respirar, latir y sentir que la tinta y el color iluminan tu instante de paz y atención plena.

CAROLINA GUZMÁN TRILLO, enfermera de cuidados paliativos y experta en acompañamiento espiritual al final de la vida y en duelo.

Agradecimientos

A nuestros maestros, Rick Roberts y Maria Thomas, creadores del método Zentangle®, por su pasión y su generosidad en divulgar a todo el mundo el tesoro del arte Zentangle, un descubrimiento que cambió nuestras vidas y que esperamos que cambie la tuya.

A las circunstancias de la vida, que creímos adversas en un principio y que propiciaron la búsqueda de nuevos mundos. Infinitas gracias al cambio, al salto al vacío, a seguir adelante.

A nuestra familia, por estar ahí apoyando nuestra pasión, aguantando nuestra locura y nuestros horarios, y que comparte nuestra felicidad cada día.

A todas nuestras alumnas a lo largo de estos años, si estamos aquí es gracias a vosotras. Gracias por vuestra confianza en El último tangle y, sobre todo, por todo lo que hemos aprendido de vosotras y nos habéis aportado.

A la editorial Penguin Random House, por invitarnos a hacer realidad este sueño y confiar en nosotras para su primer libro dedicado al arte Zentangle. Esperamos que este solo sea el principio.

A Ángela Iglesias (nuestra «hada madrina», como la solemos llamar cariñosamente), jefa de la Unidad de Enfermería de Trastornos de la Personalidad y jefa de Estudios E.I.R. del Hospital Doctor Rodríguez Lafora (hospital público de la Comunidad de Madrid dedicado a salud mental), por haber depositado en nosotras la confianza para la formación del personal de enfermería e incluir el método Zentangle en las técnicas de Arteterapia impartidas a los pacientes de este centro.

A Asun Beltrán de Heredia y Jesús Ángel Pérez de Carrasco, de CAYPE (Vitoria), por ser nuestros embajadores en el norte de España y unos queridísimos amigos. Vuestra dedicación a divulgar el método Zentangle por cualquier vía a vuestro alcance (y a veces lejos de vuestro alcance) es impagable. No podríamos tener mejor embajada.

A Ana y Laura, nuestras amigas de la Fundación Diversión Solidaria por contar con nosotras para sus talleres con pacientes oncológicos en los que siempre decimos que aprendemos mucho más de lo que enseñamos. Un regalo de experiencia para nosotras.

A Matilde Arlandis, por brindarnos la oportunidad de acceder a la facultad de Medicina de la Universidad Autónoma de Madrid para dar a conocer a sus alumnos todas las posibilidades terapéuticas del método Zentangle.

A nuestros compañeros CZT de todo el mundo, por inspirarnos cada día con su arte, con sus obras... ¡La comunidad Zentangle es asombrosa!

A Time2Tangle, compañeras CZT del «Club del tercer domingo», por vuestro constante apoyo y camaradería. Un recuerdo especial a nuestra querida compañera Caroline MacNamara (fallecida en septiembre de 2020), que consiguió reunirnos cada año en Cork, Irlanda, y con ello fomentar la amistad, el compañerismo y la inspiración entre nosotras. Siempre en nuestra memoria.

A Aurora Núñez, Silvia Robledo y Maya Swiercz, las tres primeras alumnas. Con vosotras María se estrenó como profesora de Zentangle, en 2014, y eso queda para siempre. Nunca olvidaré vuestras caras de entusiasmo e ilusión cada martes, ni el café y los *cupcakes* de Maya.

A Adriana Ibarra, de Dosartes en Zaragoza, por abrirnos tu estudio de pintura con tanto entusiasmo y hacernos sentir como en casa.

A Isa y Maitane de Dayka Trade, empresa dedicada a la fabricación de materiales para las artes decorativas, con la que colaboramos. Ellas nos han hecho sentir parte del clan Dayka.

A Conzentric, la extensión de Zentangle Inc. en Europa que ha facilitado la asistencia a los seminarios de formación CZT sin tener que cruzar el Atlántico. Jennifer, Ela y Katharina.

A los Ocho magníficos por haber sido la mejor terapia durante todo este tiempo.

A Mon, nuestro «ángel de la guarda tecnológico» por su inestimable colaboración 24/7.

¡GRACIAS!

El último tangle®

«Para viajar lejos no hay mejor nave que un libro.»
EMILY DICKINSON

Gracias por tu lectura de este libro.

En **penguinlibros.club** encontrarás las mejores
recomendaciones de lectura.

Únete a nuestra comunidad y viaja con nosotros.

penguinlibros.club

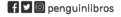 penguinlibros